Julio Aróstegui

LA TRANSICIÓN
(1975-1982)

ACENTO
EDITORIAL

Diseño de cubierta: Alfonso Ruano / César Escolar
Imagen de cubierta: Archivo SM

© Julio Aróstegui, 2000
© Acento Editorial, 2000
   Joaquín Turina, 39 - 28044 Madrid

Comercializa: CESMA, SA - Aguacate, 43 - 28044 Madrid

ISBN 84-483-0553-1
Depósito legal: M-37699-2000
Preimpresión: Grafilia, SL
Impreso en España / *Printed in Spain*
Huertas Industrias Gráficas, SA
Camino Viejo de Getafe, 55 - Fuenlabrada (Madrid)

ÍNDICE

INTRODUCCIÓN

LA TRANSICIÓN DEMOCRÁTICA EN LA HISTORIA ESPAÑOLA DEL SIGLO XX

Hay dos episodios de la historia española del siglo XX que han marcado de forma especial la vida y la memoria del país y que son los que más han llamado también la atención internacional sobre las cosas de España a lo largo de ese agitado siglo. Los dos grandes acontecimientos son la guerra civil de 1936-1939 y la transición política a la democracia, 1975-1982, tras el final del régimen del general Franco. Pero justamente esos dos grandes momentos de la historia española reciente se encuentran bastante ligados entre sí porque el régimen del general Franco que existió entre uno y otro fue consecuencia del primero de ellos, la guerra civil, y terminó siendo eliminado por el otro, es decir, por obra de la transición democrática. En el segundo tercio del siglo XX España ha vivido, pues, una de las épocas más decisivas de su historia contemporánea y aun de toda su Historia.

Al final del siglo, viven ya muy pocas personas que tengan en su experiencia personal aquella trágica guerra civil de la que hablamos. Por el contrario, son muchos los españoles de hoy que han vivido la experiencia de la transición, aunque entre ellos no figure ya un nutrido porcentaje de nuestra juventud. Aun así, hoy podemos seguir diciendo todavía que de la transición democrática empezada en 1975 arranca lo que para la mayor parte de la población española es la *Historia de nuestro presente*. Los ecos históricos y políticos de aquella época, sus interpretaciones diversas, siguen vivos en la memoria y en la polémica, como demuestran las opiniones encontradas y los debates que todavía se manifiestan en la actualidad en los medios de comunicación y opinión, en la pugna política y en los medios académicos. Hay quienes dicen que la historia de la transición está aún sin escribir. Y no les falta razón. Esa historia debe ir siendo escrita. Sin embargo, la memoria histórica permanece hoy mucho más viva en la percepción de los ciudadanos; ello hace que escribir la Historia no sea más fácil, sino al revés. Pero hace también a la Historia más urgente y aumenta su importancia en la vida colectiva.

El proceso de la transición y su resultado ha hecho, indudablemente, entrar al país en una nueva época histórica. La sucesión del inclasificable régimen del general Franco, que fue una amalgama de dictadura, regencia, absolutismo, populismo y «democracia orgánica», desembocó en pocos años en la instauración de un nuevo Estado liberal y democrático, regido por una ley constitucional. Es ésta una situación mucho más acorde con la que disfrutan desde decenios antes los países de nuestro entorno geopolítico e histórico.

La transición propiamente dicha ocupa, como hemos señalado, un espacio de siete años, entre 1975 y 1982. Los años de historia española que han seguido a la transición propiamente dicha, es decir, entre 1982 y el año 2000, se han caracterizado, también por sus muchos cambios. Entre ellos es importante recabar la atención hacia dos: el moldeado del sistema político democrático en un nuevo Estado de las Autonomías y la incorporación al proceso de integración de Europa, que ha convertido a España en uno de los miembros más activos de la Unión Europea con la vista puesta en el siglo XXI.

Éstas son las consecuencias más visibles e importantes de la transición, pero nuestro objetivo aquí no es hablar de ellas sino sólo del tiempo y la forma en que la propia transición posfranquista a la democracia fue posible y en que se llevó a cabo. En efecto, el periodo histórico que acostumbramos a llamar de la *transición democrática* o *transición posfranquista,* o más sencillamente aún *la transición,* como momento en que se transforman las antiguas instituciones en otras distintas, no desborda esos siete años fijados. Fueron años cruciales en los que se pasó desde un régimen anacrónico como era el de Franco a una Monarquía constitucional y democrática basada en una Constitución y en los que se fue creando una nueva estructura política: la del Estado de las Autonomías.

En consecuencia, adoptamos la idea de que el proceso de la transición concluyó propiamente en el momento en que un partido histórico como el PSOE, enemigo tradicional del régimen anterior, accede al poder a través de unas elecciones normalizadas, en octubre de 1982. Desde entonces el funcionamiento del régimen democrático puede considerarse *normal*. Si la instauración de la democracia tuvo su momento álgido entre 1975 y la elaboración de una Constitución política aprobada en 1978, la consolidación de ella puede decirse que comienza cuando se celebran unas primeras elecciones legislativas en regla, es decir, las de marzo de 1979.

Desde octubre de 1982, con ese triunfo impresionante del Partido Socialista, se abriría un nuevo periodo de la vida española, que no estudiaremos ya aquí. Un periodo que, de hecho, no se cerraría sino en mayo de 1996, cuando, tras catorce años de gobierno, el PSOE es sustituido en el poder a través de nuevo de unas elecciones legislativas generales por el Partido Popular, la cristalización política de la derecha española posfranquista que sigue aún gobernando en el 2000.

Los siete años de la transición fueron, claro está, una consecuencia inmediata de la muerte del artífice y mantenedor de la más larga dictadura de la historia de España. Pero la forma misma que la historia española adquirió en esos años debe hacerse arrancar del profundo cambio social y económico que había comenzado ya en los años sesenta, cuando en España se produjo el salto hacia la sociedad industrial, lo que significaría una plena integración en el sistema capitalista mundial. Se desarrolló desde entonces una estructura social caracterizada por el aumento numérico de un nuevo tipo de obrero industrial, por la aparición de una amplia burguesía empresarial y el desarrollo también de una nueva expansión intelectual en las universidades y en el sistema educativo completo y una nueva expansión cultural. Con todo ello crece la oposición a un régimen político como el de Franco, que no estaba en consonancia con las nuevas realidades.

Aun cuando ese régimen tenía previstas las leyes para su propia sucesión, como veremos después, la muerte del general Franco fue el momento para que la inmensa mayoría del pueblo español manifestara su decisión de cambiar la situación política para transformarla, alineándola con los sistemas de los países modernos que nos rodeaban. Una situación social y cultural enteramente nueva desde los años sesenta demandaba un régimen político nuevo y moderno. El cambio se hizo ahora sin apenas violencia, de manera muy distinta a la que se dio con el intento de cambio que llevó a cabo la II República en los años treinta y que fue derivando hasta desembocar en una guerra civil suicida. Esto es lo que más ha llamado la atención en el mundo: ese cambio en general pacífico, consensuado, gra-

duado. Y es que quienes esperaban algo distinto olvidaban que el tiempo transcurrido y los cambios operados hacían que la sociedad española hubiese madurado de forma impresionante.

Una buena explicación histórica de estos hechos no consiste sólo en la narración de su desenvolvimiento. Debe buscarse un análisis del mecanismo del cambio, de los factores que lo hicieron posible y las dificultades que hubo de vencer, entre otros muchos aspectos posibles, siempre con la vista puesta tanto en la sociedad como en los dirigentes que lo llevaron a término. Y hay que partir para ello, en definitiva, de la situación histórica existente cuando empezaba el último cuarto del siglo XX.

Una vez que la transición haya sido explicada históricamente, en la medida en que hoy podemos hacerlo, se entenderá mejor que España, en definitiva, tras aquel momento brillante de la transición, haya llevado a cabo su integración plena en el medio geopolítico e histórico al que pertenece, después de atravesar un largo tercio de siglo —el del régimen de Franco,

1936-1975— con una historia alejada de la de sus vecinos, si exceptuamos el caso comparable con el nuestro de Portugal.

La forma en que se hizo la transición española a la democracia ha dado lugar a que se generalice la idea de que existe un *modelo español* de transición, que podría haber sido, incluso, exportable a otros países y situaciones de paso de la dictadura a la democracia. En buena parte ello es una exageración, pero debe decirse que el caso español se entiende mejor en un contexto comparativo, y que de ese contexto se desprende una mejor comprensión también de lo sucedido en otros países.

En verdad, el caso español de transición a la democracia no fue una situación única en Europa ni en el mundo de los años setenta y ochenta. Otros países de la Europa del Sur, como Grecia y Portugal, de América del Sur y algo después de la Europa del Este tras los regímenes socialistas, experimentaron fenómenos que tenían algunas similitudes con el español. De ahí que las «transiciones a la democracia» se hayan convertido en una especie de *modelo* histórico-político de paso de unas situaciones políticas a otras, especialmente desde regímenes políticos autoritarios y opresivos a otros de libertades. Dentro de ese modelo general, el español indudablemente tiene algunas peculiaridades específicas.

Por último, sería interesante señalar que se ha hablado alguna vez de otras *transiciones* en la historia de España; de momentos de transición como serían los de 1833, 1868, 1875 o 1931. Rigurosamente hablando, no se puede establecer en modo alguno una analogía real entre esas situaciones históricas. Se trata siempre, es verdad, de transformaciones de las configuraciones políticas de una determinada época, pero en todas ellas pueden apreciarse precedentes distintos, desarrollos históricos, protagonistas y consecuencias inmediatas diferentes también.

Lo decisivo en lo ocurrido desde 1975 es que en esa fecha no sólo comenzó el final de un periodo y de un régimen que había apartado claramente a España de la trayectoria de los países de nuestro entorno y con una historia en parte común, sino la forma misma, el mecanismo, de *transición democrática* con que se hizo el cambio. Pero aun siendo recordada aquella época con general satisfacción, es muy importante no convertir la historia de la transición en hagiografía y autocomplacencia por lo realizado. La transición española fue un suceso memorable, pero por supuesto contiene aspectos negativos y ocasiones perdidas de haber hecho un cambio más profundo. Hoy estamos en un momento en que esa historia debe ser muy ponderada e, incluso, contemplada con mirada más crítica.

1

EL GRAN CAMBIO DE LA SOCIEDAD ESPAÑOLA: LOS AÑOS SESENTA

Nada de lo sucedido en el último cuarto de siglo de la historia española, ninguno de los cambios más significativos que se han producido en ella, hubiese sido imaginable sin las hondas transformaciones que la sociedad española experimentó ya en la década crucial de los años sesenta. Tanto es así, que la propia historia del régimen de Franco suele dividirse en dos etapas cuya bisagra o punto de ruptura es, precisamente, el momento en que arranca ese gran cambio a comienzos de esa década. A lo ocurrido en la España de los sesenta, que es un proceso de extraordinaria importancia en nuestra historia contemporánea, se han dedicado muchos estudios.

Como resultado de todos ellos, puede decirse que la crisis final en la que el régimen va entrando, antes de la propia muerte del dictador, des-de luego, tiene una estrecha relación con aquellas mutaciones sociales que afectaron profundamente también a la situación política. Una sociedad que vio alteradas de tal forma sus estructuras y pautas tradicionales, que era precisamente lo que el franquismo había tratado de preservar, no podía sino experimentar un aumento de la distancia existente entre el régimen y sus principios sostenedores, de una parte, y el conjunto de la sociedad que cambiaba de forma acelerada, de la otra. Y es que ese cambio empezó alterando de forma significativa las estructuras económicas y, por tanto, la realidad vital, socio-profesional y cultural de una gran masa de la población.

En los años sesenta, España vivió, en realidad una «década prodigiosa», un auge pleno del *desarrollismo*. Fue el momento en que el país despegaría hacia las formas de la sociedad industrial, es decir, aquella en la que el máximo producto económico procede justamente de los sectores productivos que no son el primario en su conjunto (agricultura y ganadería, pesca, minería), sino de los sectores secundario y terciario (industria y servicios). El cambio español de los años sesenta, que se prolongará hasta la crisis de la primera mitad de los setenta, se encuentra, pues, sin ninguna duda, en el trasfondo de la trayectoria en que se desenvolvió la transición, una vez fallecido Franco.

1.1 Un crecimiento económico sin precedentes

El elemento básico, por tanto, en la nueva situación española surgida entonces es el cambio económico, el más importante que se ha producido en toda la época contemporánea en España. Sus orígenes se encuentran en la segunda mitad de los años cincuenta, cuando entra en franca crisis el intento de posguerra de crear y mantener una economía autárquica, que

se bastase a sí misma. Un sueño del *Caudillo* que no era sino una delirante utopía. La crisis de los años cincuenta acabó en la necesidad de aplicar un riguroso «plan de estabilización» en 1959 y en la necesidad mayor aún de cambiar toda la política económica. El cambio se basó en la apertura de la economía española al exterior, lo contrario de la autarquía. No es exagerado decir que de ahí partió el crecimiento económico, dando lugar a un nuevo franquismo, con nuevos protagonistas, además. El crecimiento tuvo también como instrumento la aplicación de sucesivos «planes de desarrollo» a partir de 1964.

Como consecuencia, en los sesenta se creó en España una nueva economía, sobre todo una nueva industria. Tuvo lugar un trasvase masivo de población del campo a la ciudad y la emigración temporal de una gran masa de trabajadores a los países industrializados de Europa, que vivían también un gran momento de expansión. El crecimiento económico español llegó a cifras «a la japonesa», del 7 e incluso del 8 por 100 anual. El volumen del progreso fue mayor en la primera parte de la década.

El salto a la sociedad industrial se basó en España en la importación de capitales y de tecnología, el desarrollo de industrias de tipo medio, especialmente las industrias de bienes de consumo, las de elaboraciones metálicas de diverso tipo, textiles, automovilística. Pero también la química, la siderúrgica y la naval, aprovechando los viejos enclaves industriales, pero potenciando también algunos nuevos y expansionando los antiguos. Y de la misma forma crecieron las industrias de transformación agraria. Así, el valor de la producción medido por el PIB que en 1964 se distribuía en 17,3 por 100 para la agricultura, 38,3 por 100 para la industria y 44,4 por 100 para los servicios, pasaría a ser en 1970 del 10,1, 40,8 y 49,1 respectivamente, adquiriendo plenamente España la estructura de un país económicamente moderno. No debe olvidarse tampoco la importancia que en el crecimiento tuvo un espectacular aumento del turismo y la llegada de las divisas enviadas por los emigrantes.

España pasaría a encuadrarse entre los diez países más industrializados del mundo y quedaría integrada de forma plena en el circuito del capitalismo internacional, ingresando en todas las grandes organizaciones económicas a escala mundial (la OCDE, el GATT, etc.). Con esto se daría fin definitivamente a la nefasta época, la de los años cuarenta y buena parte de los cincuenta, del intento de mantener la economía autárquica. El nivel de vida de la población aumentaría de manera decisiva, si bien de forma muy desequilibrada según las capas sociales y las regiones y a costa también de una importante emigración de mano de obra a Europa, procedente, sobre todo, del campo, que experimentaría una despoblación progresiva.

Ahora bien, una pregunta importante sería: ¿es atribuible este decisivo cambio a la propia eficacia e idoneidad —como se ha mantenido alguna vez— de un régimen político como el del general Franco? En manera alguna. Si bien el progreso económico fue promovido por algunos sectores dirigentes insertos en el «aparato» del franquismo,

15

ello se debió a que los dirigentes menos dogmáticos sabían bien que no había otra forma de supervivencia. Por ello era preciso abrirse al exterior. Ahora bien, fue el propio progreso económico y social el que, a corto plazo, en una aparente paradoja, acabaría volviéndose contra la supervivencia misma del régimen, al introducir profundos cambios en las mentalidades y los hábitos de la sociedad, mientras que no resultaron afectados los principios políticos del franquismo. La divergencia entre régimen y sociedad se ahondó.

1.2 Una nueva estructura social

El crecimiento económico de tipo moderno hizo cambiar inevitablemente las peculiaridades de una estructura social como la española, lastrada aún por muchas pervivencias de la sociedad rural tradicional. Afectó a la propia distribución —urbana/rural— de la población, a la distribución socio-profesional, a las pautas de la vida social y el comportamiento cultural y, naturalmente, a todas

las relaciones en el mundo del trabajo o relaciones laborales, aunque el régimen aplicara un férreo control.

Transformada la entidad misma del capitalismo español, al producirse un importante flujo de capitales y de tecnología exteriores, también cambiaron intensamente los componentes humanos del nuevo sistema productivo. Las estructuras sindicales del régimen, el sindicato vertical, hubieron en alguna manera de irse adaptando a las nuevas realidades. La Organización Sindical fue aprovechada también para sus propios fines por el nuevo sindicalismo clandestino, actuando dentro de ella. El cambio en la estructura socio-profesional española que se produjo en diez años fue espectacular. Si antes de comenzar el desarrollo la población activa empleada en cada uno de los sectores productivos —agricultura, industria, servicios— era claramente favorable al primero, a mediados de la década era mayoritario el segundo, y a comienzos de los años setenta, el tercero.

Aparecen y se desarrollan ampliamente las nuevas concentraciones fabriles en los «cinturones industriales» de Barcelona y de Madrid, mientras se amplían y diversifican las viejas industrias de Bilbao y del País Vasco en su conjunto —la industrialización se expande hacia Álava y Navarra—, de Asturias y de Sevilla. Como consecuencia de ello, puede decirse que en España aparecerá definitivamente el tipo del obrero industrial, en la fábrica moderna, organizado en una masa mayor y más activa política y sindicalmente, que viene a superponerse al viejo tipo del obrero de tradición más bien artesanal.

El nuevo obrero proviene en su mayor parte del desplazamiento de una importante masa de población rural hacia los núcleos urbanos. Aunque este tipo de migración era ya conocida en épocas anteriores, nunca tuvo el desarrollo que en este momento alcanzó. Las ciudades españolas aumentaron casi de forma general su población, a excepción de las de las zonas mesetarias interiores, donde el impulso de la nueva economía se notó mucho menos. Los enclaves receptivos de población fueron Barcelona y otras zonas de Cataluña, Madrid y el País Vasco esencialmente. En el interior, el campo se despobló aún más.

Aumentó ampliamente la población dedicada a actividades económicas industriales o de servicios, cuyos ingresos provenían de un salario —ejecutivos de empresa, abogados, enseñantes, funcionarios, empleados de comercio, etc.—, que iban a integrar una nueva burguesía media menos identificada con el régimen que la vieja burguesía agraria o financiera. El empresariado nuevo y que aumentó mucho fue, sobre todo, el pequeño, al calor de las nuevas actividades generadas por la industrialización. Y puede decirse que aparece un «nuevo» movimiento obrero con nuevos líderes, casi siempre clandestino y perseguido. Momento importante para el despegue de ese nuevo obrerismo, opuesto al régimen, que funciona aprovechando las estructuras sindicales existentes, es decir, los sindicatos verticales, pero en contra de ellos, es la promulgación de la Ley de Convenios Colectivos en 1958. Ello produjo el reforzamiento de la acción de los obreros y la aparición de las «comisiones obreras» en los primeros años sesenta —embrión del futuro sindicato clandestino Comisiones Obreras—, mientras aparecen o renacen nuevos y viejos sindicatos de clase, entre ellos la Unión General de Trabajadores, socialista.

1.3 Un profundo cambio cultural

La transformación señalada dio lugar a que en España se desarrollase a lo largo de los años sesenta y primeros setenta una incipiente «sociedad de consumo», cosa que ya era común en la Europa industrializada y liberal desde diez años antes. La década coincidió, por otra parte, con un gran aumento de la tasa de natalidad y, por tanto, con un importante crecimiento de la población. Cambiarían profundamente las estructuras de algunas instituciones clave, como era la familia, el acceso a la enseñanza se generalizó para la casi totalidad de la población y se expansionó la cobertura de la Seguridad Social, incluida la Sanidad pública.

La población empieza realmente a experimentar el aumento de nivel de vida propio de una sociedad industrializada, que se reflejaría en comodidades como el televisor, el frigorífico, incluso el coche popular —el celebérrimo *Seat 600*— o la mejora de la vivienda. Si bien estas mejoras eran, como hemos advertido, muy desiguales según clases y regiones, es posible afirmar que en ninguna época anterior de la historia española se había producido un cambio social y de mentalidad de tan inmensas repercusiones como el advenido en la década de los sesenta del siglo XX.

Es indudable que en quince años cambió profundamente el nivel de vida material y las expectativas culturales —acceso al saber, ocio, viajes, espectáculos, recepción de noticias, etc.— de la población. Por lo pronto, se desarrollaría una nueva cultura en los gustos, en la libertad de elección de las formas de ocio, de conocimiento de lo extranjero, de mayor permisividad en las costumbres, escapando de la asfixiante tutela del poder apoyado en la Iglesia. Todo ello tropezó en aquellos años con la sistemática inmovilidad de un régimen que quería seguir manteniendo a toda costa las pautas tradicionales de cultura. El régimen estuvo en general ampliamente apoyado por la Iglesia en este afán contra todo lo moderno. Pero es preciso tener en cuenta que la propia Iglesia se vio afectada por el movimiento de modernidad que significó el Concilio Vaticano II. Se insinuó también un cambio en la actitud de una parte del clero hacia el régimen.

La familia más abierta, las nuevas costumbres juveniles, el laicismo creciente, la diversificación de grupos culturales, el aumento masivo de la población estudiantil y de la difusión de nuevos espectáculos, un mayor contacto con el extranjero —en lo que tuvo no poca influencia la llegada masiva de turistas— «abrieron los ojos» de la población hacia las propias carencias de una situación como la española. Puede decirse que de entonces partiría la aparición de una «nueva cultura política» de la que se ha hablado y que la implantación de un régimen en España, homologable con los de Europa, empezaría a ser una aspiración cada día más reclamada.

Todos estos grandes cambios fueron, naturalmente, utilizados en la propaganda que el régimen hacía de sí mismo, pero verdaderamente no favorecieron su afianzamiento. Al mismo tiempo, el aumento del bienestar de la población la hizo también, sin duda, más acomodaticia, más dispuesta a conservar lo adquirido y más cautelosa respecto al conflicto político.

La importancia profunda de ese cambio económico y social, y la transformación experimentada por la cultura política en la España de los años sesenta y setenta, obligan a ver la transición advenida posteriormente de una forma muy ponderada en cuanto a sus protagonistas. Debemos decir desde ahora que sería muy difícil señalar unos protagonistas exclusivos de ella, bien adjudiquemos el protagonismo a los políticos en exclusiva, bien a la masa social. Ni lo uno ni lo otro, sino ambas cosas.

A partir de los años sesenta, todo ocurriría, podría decirse, como si la discrepancia entre el tipo de sociedad que iba apa-

19

reciendo y el régimen que la regía fuese cada vez más acusada. Sucede así que el desarrollo económico y social, que fue favorecido y planificado por ciertas fuerzas que estaban plenamente integradas en el régimen mismo —tal es el caso del Opus Dei, que tantos políticos y tecnócratas suministró—, contribuyó a la mejora de la sociedad pero también a la crisis del régimen al mismo tiempo. Y así parecen haber sido las cosas en efecto, pues los propios ideólogos del régimen ya lo advirtieron. Tal discrepancia no pudo sino agudizar de la misma forma la ya existente oposición al régimen, que tomó rumbos nuevos y potentes en estos mismos años, como veremos. El régimen fue adentrándose progresivamente en una crisis de sus fundamentos y de su funcionamiento de la que ya no saldría.

2

LA CRISIS DEL RÉGIMEN DE FRANCO (1973-1976)

Francisco Franco (1892-1975) había gobernado España desde el mes de octubre de 1936, con el nombre simbólico de *Caudillo,* una vieja palabra castellana utilizada para designar a los jefes guerreros. Fue el fundador y el dirigente supremo hasta su muerte de un régimen político de dictadura que siempre ha sido muy difícil de clasificar de forma clara entre los tipos de regímenes políticos no democráticos. Un régimen que, pese a su monolitismo general, atravesó diversas fases entre 1936 y su desaparición efectiva en 1976, y al que el lenguaje común ha acabado conociendo como «franquismo», aunque sea una expresión poco afortunada. El *Caudillo* murió en la Ciudad Sanitaria La Paz, de Madrid, el día 20 de noviembre de 1975.

Esta época de la historia española tiene, como decimos, una difícil definición política. El régimen de Franco, nacido de una guerra civil, situado entre el fascismo, la dictadura militar y el autoritarismo personal inspirado en doctrinas preliberales, y que perduró durante treinta y nueve años, ha sido calificado de diversas maneras: régimen fascista, dictadura militar, régimen autoritario o Estado nacional-sindicalista. El caso es que constituye un ejemplo singular de situación política *sui generis*.

2.1 El agotamiento del régimen

En cualquier caso, el derrumbe del edificio político creado por el general Franco, si bien tuvo como desencadenante inmediato la muerte del dictador en 1975, no fue ni un hecho instantáneo ni que hubiese surgido de forma inesperada. Tenía unos precedentes claros y existía una crisis anterior. Una crisis que, como hemos visto, estaba íntimamente ligada a los cambios sociales producidos en España y que se había hecho más acuciante, sin duda, desde la muerte víctima de un atentado de la banda terrorista ETA del presidente del gobierno, el «hombre fuerte» del franquismo, almirante Luis Carrero Blanco, el día 20 de diciembre de 1973.

El progreso socioeconómico favoreció la difusión entre la población de un mejor conocimiento de lo que ocurría en el entorno europeo y la aparición de una nueva cultura política que desarrollaría la aspiración a un régimen de mayor libertad. Es cierto también que el progresivo aumento del grado de bienestar conseguido gracias al progreso de los años sesenta hacía que una gran masa de la población tuviera como aspiración principal el mantenimiento de ese bienestar sin grandes conflictos, lo que producía una cierta desmovilización política. Pero ese mismo mayor desarrollo promovía también, por el contrario, el nacimiento de fuertes corrientes de oposición en los sectores más instruidos, más concienciados y evoluciona-

dos: el mundo obrero más modernizado, la Universidad, el sistema educativo en su conjunto, los profesionales urbanos, cuyo número crecía, las nuevas empresas, etc. A ello se sumaba una actitud mucho más crítica también de la Iglesia desde la celebración del Concilio Vaticano II.

Nada de lo ocurrido desde 1975, en definitiva, se explicaría sin tener en cuenta las condiciones existentes en la España de finales del franquismo. El régimen tenía problemas diversos: su ideología había envejecido extraordinariamente, las disidencias entre las «familias políticas» se habían hecho más agudas, la población que había vivido la guerra civil, origen mismo del régimen, disminuía y tenía cada vez menos influencia, la incapacidad para promover la más mínima adaptación a las nuevas circunstancias sociales era casi completa.

El conglomerado político que integraba el Movimiento Nacional, como soporte y única agrupación política permitida por el régimen, empezaba a disgregarse. Aquel conjunto de «familias políticas» que constituían el apoyo del régimen era ya incapaz de acoger y desarrollar ninguna idea susceptible de promover de verdad la libertad política y la participación democrática. Los sectores más inmovilistas del régimen seguían predominando y bloqueando la puesta en funcionamiento de nuevas leyes sobre los derechos de reunión, asociación, creación de grupos políticos, libertad de expresión, etc.

La pretensión de los *franquistas* de que el régimen continuara vivo después de la muerte de Franco no la compartía en absoluto la mayor parte de la población, sobre todo la más joven y, en especial, los nuevos grupos sociales nacidos o reforzados por el progreso de los años sesenta. La existencia de un régimen como el de Franco bloqueaba también en los años setenta la posibilidad de un avance en las relaciones internacionales del país, sobre todo en el proceso de integración europea. La crisis misma, la sensación de un próximo final, promovía la proliferación de ideas, de escritos y de publicaciones que se ocupaban del futuro político español, del «pos-franquismo», del

destino del régimen cuando se cumplieran las previsiones sucesorias de Franco en la persona del Príncipe de España, Juan Carlos, nombrado sucesor en 1969.

Tardíamente, aparecieron en el interior del propio franquismo, en la administración, en los sindicatos verticales, focos de disidencia y tímidas tendencias hacia una transformación más decisiva y empezaron a proliferar posiciones distintas acerca de la pervivencia futura del sistema, al tiempo que la opinión internacional se volvía cada vez más crítica respecto a una posible continuidad de un régimen como el de Franco sin la presencia de Franco mismo. En la prensa se activaba el debate sobre la continuidad del régimen, con la participación de escritores que a veces formaban colectivos con un seudónimo, como el que se llamó «Tácito», de inspiración democristiana, que escribiría en el diario *Ya* a partir de 1973 pidiendo la democratización del régimen.

En definitiva, se apuntaban ya algunas de las características que tendrían una decisiva presencia a partir de noviembre de 1975. Éstas eran fundamentalmente: una cierta disgregación de las posiciones políticas en el interior mismo del régimen, lo que permitía diferenciar a unos «reformistas» templados y un núcleo duro al que desde 1974 se empezó a llamar el *búnker;* la incapacidad para encontrar alguna vía que permitiera realmente renovar el régimen con algún resquicio de libertad política real; el fortalecimiento de la oposición en todos su ámbitos, desde la derecha a la izquierda, incluida la oposición sindical clandestina; la nueva orientación contraria al régimen con mayor fuerza emprendida por instituciones como la Iglesia e, incluso, la aparición tímida en el propio Ejército de núcleos clandestinos, aunque minúsculos, de oposición, como la UMD. Todo ello, y algunos extremos más, se desenvolvían sobre un fondo cada vez más amenazador de crisis económica y de crítica en el extranjero.

En efecto, a la crisis política se sumaba la repercusión muy fuerte que tuvo en España la crisis económica mundial, cuyos efectos empezaron a expandirse a comienzos de la década de 1970. La llamada «crisis del petróleo» empezó a endurecer las condiciones de vida de muchos ciudadanos al desencadenarse una fuerte inflación después de la expansión general de los años sesenta. El gobierno de Carlos Arias fue incapaz desde 1973 de hacer frente a esta crisis, que necesitaba enérgicas medidas de contención que eran impopulares y hubieran colocado al régimen aún en peor situación.

2.2 Crecimiento y evolución de la oposición

Formando también parte de los precedentes de la crisis final del franquismo se encuentra el crecimiento de la oposición cuando llegan los años sesenta. En aquella década, a la par que el país experimentaba profundos cambios en su sistema productivo y sus estructuras sociales, la mecánica, los grupos y las actividades de la oposición fueron cambiando y acrecentándose. Un momento culminante de estas actividades fue la reunión en Múnich (República Federal de Alemania) que tuvo lugar con ocasión del Congreso del Movimiento Europeo, en 1962, de representantes de la oposición antifranquista del exterior y del interior y su reclamación para España de un régimen plenamente democrático. El régimen reaccionó furiosamente contra los personajes del interior que habían ido a aquella reunión, a la que la prensa llamó el «contubernio de Múnich». Entre éstos se encontraban Gil Robles, Álvarez de Miranda, Joaquín Satrústegui y otros, hasta alcanzar varias decenas.

Otro hecho importante fue que el régimen descargó las tareas judiciales de la represión de los disidentes en un Tribunal de Orden Público creado en 1963, con lo que desaparecían los tribunales militares especiales. Pero ello en modo alguno suavizó la persecución. El espectro de la oposición se amplía. No ya sólo se desarrollarán las actividades tradicionales que procedían de grupos políticos organizados y antiguos, sino que la oposición empieza a manifestarse cada vez con más fuerza en ámbitos sociales muy importantes. En la Universidad resurge un fuerte movimiento estudiantil con diversos nuevos grupos: ASU, FUDE, que se enfrentan al sindicato oficial de régimen, el Sindicato Español Universitario. En el mundo sindical el nacimiento de las Comisiones Obreras, al final de los años cincuenta, es un hecho decisivo.

En los primeros años setenta se desarrolló entre los grupos de oposición la tendencia a buscar cada vez más acciones conjuntas contra el régimen y la presentación, también por su parte, de alternativas globales propias sobre el futuro del país. La creación de esos organismos unidos de la oposición tuvo carácter temprano en lugares como Cataluña, donde apareció la Asamblea de Cataluña. Pero la más conocida y activa de todas esas alianzas y la más dinámica fue la Junta Democrática de España, que hizo su presentación en París el 30 de julio de 1974 en un acto en el que estuvieron presentes Santiago Carrillo, secretario general del Partido Comunista de España, Rafael Calvo Serer, un profesor, miembro del Opus Dei y antiguo director del diario *Madrid,* incautado y hecho desaparecer por el régimen, y un intelectual conocido, José Vidal Beneyto. La Junta (JDE) fue una iniciativa del Partido Comunista de España (PCE) que había tenido su origen un año antes a raíz de conversaciones entre Antonio García-Trevijano y Santiago Carrillo.

Originariamente se pretendía crear una plataforma de fuerzas de oposición que hubiese apoyado la promoción de D. Juan de Borbón al trono con la promesa de establecer una inmediata democratización en España tras la desaparición de Franco. Don Juan de Borbón y sus consejeros escucharon esta iniciativa en Estoril (Portugal), pero, en definitiva, en junio de 1974, algunos de esos consejeros (Pedro Sáinz Rodríguez, Luis María Anson, José María de Areilza, entre otros) no se atrevieron a seguir adelante con aquel apoyo firme de la izquierda que estimaron que hubiese podido comprometer seriamente la imagen de la monarquía en algunos sectores españoles.

Sin embargo, había importantes grupos políticos que no habían querido integrarse en la JDE, de los cuales el más importante

era el PSOE. Entre éste y el PCE había una importante discordia que procedía de los tiempos de la guerra civil. El PSOE había experimentado una gran renovación en su congreso de Suresnes (Francia) y emprendió su propia política. Otros partidos de extrema izquierda, como la ORT, el PTE o el MCE, o los democristianos, Izquierda Demócrata Cristiana, que dirigía Ruiz-Giménez, tampoco se habían integrado en la JDE. Todos esos grupos, especialmente el PSOE, recelaban de la hegemonía del PCE, y a la altura de junio de 1975 crearon un nuevo organismo unitario, la Plataforma de Convergencia Democrática.

A pesar de que la Plataforma contaba con más fuerzas que la JDE, tuvo mucho menos dinamismo y rápidamente, desde septiembre de 1975, empezaron los contactos de ambos organismos, creando lo que se llamó primero una Alternativa Democrática, y las actuaciones conjuntas que acabarían posteriormente en su fusión, en marzo de 1976, en el organismo que se llamaría Coordinación Democrática. En octubre de 1975 los dos organismos publicaron un documento por la «Acción Democrática Nacional» en el que hacen suyo el término *ruptura democrática* como solución para la liquidación del régimen de Franco.

3
¿QUÉ SUCESIÓN AL RÉGIMEN? LAS ALTERNATIVAS (1976-1977)

A la muerte de Franco, pues, la cuestión era cómo se pasaría a un régimen nuevo. La situación estaba abierta y llena de expectativas y las alternativas que había en liza eran varias. Lo que se abría hacia el futuro era, primero, una doble gran opción: mantener lo previsto en las Leyes Fundamentales franquistas, es decir, el régimen existente, o bien ir hacia alguna fórmula que permitiera su desmantelamiento y el paso a una situación de democracia formal. Pero, segundo, dentro de cada una de estas dos fundamentales opciones existían algunas secundarias. En la de cumplir las Leyes del franquismo, podrían darse intentos de *aggiornamento* del régimen —lo que hasta entonces se había demostrado imposible—, o podían prevalecer las ideas *inmovilistas*. En la de ir a un régimen democrático estaba por ver qué régimen podría ser

ése —¿Monarquía, República?— y por qué caminos políticos —¿ruptura revolucionaria, Gobierno provisional, Cortes constituyentes, reforma gradual?— se podría llegar a ello.

Si se analizan los grupos políticos que preferían unas u otras opciones se observa que lo que más atraía a los franquistas más inmovilistas era perpetuarse en el poder «maquillando» algo el régimen, a base de retocar sus Leyes Fundamentales, disfrazándolas de una u otra manera, para acomodarlas a una democracia ficticia. Otros sectores, que sin ser propiamente enemigos del régimen estaban menos comprometidos con él —católicos monárquicos, variados tipos de reformistas dentro del régimen, etc.—, pretendían la puesta en marcha de un proceso de cambio que fuese ajustándose por etapas, de manera lenta, a una modificación del régimen franquista que garantizase al final el establecimiento de un régimen democrático homologable a los europeos occidentales. El arquetipo de esta postura tal vez era Manuel Fraga y algunos de sus amigos «reformistas». En fin, los sectores de la oposición real que estaba desde siempre enfrentada con el régimen proponían una «ruptura» sin ambages y la entrada sin demora en un proceso constituyente.

El caso español de paso desde un régimen autocrático o autoritario a una democracia liberal fue enteramente peculiar y por ello se ha dicho que constituye un modelo en sí mismo. Que se produjese mediante un proceso de *transición política,* y no de otra manera más traumática, es lo que hace espectacular, sorprendente, inesperada, la historia española de este tramo final del siglo XX.

3.1 Las dudas del inmovilismo: el gobierno de Arias Navarro

El Príncipe de España, don Juan Carlos de Borbón, juró ante las Cortes como nuevo Jefe del Estado «a título de rey» el 22 de noviembre de 1975 y con ello quedaba proclamado Jefe del Estado para cumplir las disposiciones legales previstas en la sucesión. Ello conllevaba la formación de un nuevo gobierno y el rey lo resolvió con la confirmación, que el interesado se empeñó en considerar que era continuidad obligatoria, de Carlos Arias Navarro en el puesto de presidente. Pero aun con esa confirmación, que hacía que el presidente Arias siguiese sintiéndose un «hombre de Franco», no se aceptaba la continuación de un mandato originado en el régimen anterior y, por tanto, debía procederse a la dimisión y nueva formación de un gabinete. Arias aceptó en general los deseos del monarca sobre algunos de los ministros y el nuevo gabinete tomó posesión el 13 de diciembre de 1975.

Arias constituyó un gabinete con tres Vicepresidencias, las de Defensa, Gobernación y Hacienda, desempeñadas respectivamente por el general De Santiago, Manuel Fraga y Juan M. Villar Mir. Estaban también en el gabinete José María de Areilza, en la cartera de

Asuntos Exteriores, Alfonso Osorio, en el Ministerio de la Presidencia, seguían existiendo los ministerios de la Secretaría General del Movimiento y de Relaciones Sindicales, ocupados respectivamente por Adolfo Suárez y Rodolfo Martín Villa. En el Ministerio de Trabajo continuaba el sempiterno José Solís Ruiz, que fue destinado a este Ministerio por influencia de Torcuato Fernández Miranda, para que Suárez ocupase la Secretaría General del Movimiento.

Por otra parte, el rey tomó una importante decisión: la de nombrar, el 3 de diciembre de 1975, presidente de dos instituciones clave, las Cortes y el Consejo del Reino, a Torcuato Fernández Miranda, antiguo vicepresidente del gobierno con Franco, falangista, profesor y consejero del propio rey cuando era Príncipe. Fernández Miranda se perfilaba como un importante elemento en la sombra.

Los resultados de la política del gabinete Arias se vieron pronto. Aquel gabinete fue incapaz de avanzar en el camino de reforma alguna, mientras que la opinión pública, la prensa y los círculos políticos hacían toda clase de cábalas y propuestas. Los hombres más destacados del gabinete eran, sin duda, Fraga, Areilza y Osorio, más los ministros militares. No había, desde luego, una política conjunta. De ahí que el presidente de las Cortes, Fernández Miranda, hombre claramente decidido a una reforma controlada, empezara a adquirir protagonismo en operaciones que intentaban que las Cortes heredadas del franquismo pudiesen ser un instrumento por el que pasase cualquier reforma, si se conseguía tenerlas en posición favorable.

El día 28 de enero de 1976 volvía Carlos Arias a exponer ante esas Cortes un programa de gobierno que no iba más allá de lo expuesto dos años antes en su célebre discurso del 12 de febrero de 1974, del que salió el llamado «espíritu de febrero». Pero eran promesas sin realidad alguna. Los verdaderos pasos clave: creación de partidos políticos, consulta al país, previsión de nuevas leyes, etc., estaban muy lejanos de las ideas del presidente. Éste no hablaba sino de una supuesta democracia «a la española» y de la reforma del derecho de asociación política, pero excluyendo los partidos. Y otros tópicos igual de ineficientes.

Los reformistas del gobierno tampoco tenían iniciativas claras. Dadas las dificultades, algunos políticos pensaron que la única vía posible para reformar el régimen sería la del decreto-ley, que evitaría la intervención de las Cortes. Y es que era en las Cortes donde se concentraba precisamente el grueso completo de todos los apoyos del régimen del general Franco, tanto en los procuradores que las formaban como en los consejeros del Consejo Nacional del Movimiento —especie de Cámara Alta—, además de en los sindicatos verticales. Toda la «vieja guardia» de los franquistas se agrupaba allí, en el *búnker.*

Por ello, el intento de Fernández Miranda de controlar y activar aquellas Cortes, en función de lo que permitían las propias leyes existentes y los reglamentos, pretendiendo «sumarlas a una reforma», permitiendo la creación de grupos parlamentarios, por ejemplo, era arriesgado pero hábil. Para preparar algo el camino futuro de sus intervenciones, Fernández Miranda estableció un «procedimiento de urgencia» (la disposición se publicó el 23 de abril de 1976 y despertó protestas en los inmovilistas) para la tramitación de las leyes, que evitaría que éstas se atascasen en comisiones de estudio previo (como la de Leyes Fundamentales), que se sabía que serían las que mayor resistencia opondrían al cambio. De igual forma, activó el papel del Consejo del Reino, instituyendo las reuniones cada quince días y esperando que jugase también un papel importante en el futuro. Estas decisiones se mostrarían luego claves en el proceso.

Que las resistencias seguían siendo muy fuertes lo mostró el rechazo de las Cortes franquistas de un primer tímido proyecto de ampliación de la Ley de Asociaciones. El 26 de mayo de 1976, las Cortes aprobaron, sin embargo, una Ley Reguladora del Derecho de Reunión y el 9 de junio otra Ley Reguladora del Derecho de Asociación. Eran dos avances preparatorios de importancia. Ambas leyes fueron defendidas en las Cortes por Adolfo Suárez.

Definitivamente, la falta de progreso en la política de sustitución del régimen de Franco se hizo absolutamente patente en los seis primeros meses del año 1976. Las disensiones dentro del gobierno se fueron acusando y la confianza entre el rey y el presidente del gobierno se deterioraba a ojos vistas. Dos acciones en las que estaba implicado el rey fueron muestra clara de esto último. Las declaraciones a la revista *Newsweek,* de aquella primavera, en las que el rey decía que la acción política de Arias era un «desastre», aunque esas palabras fuesen luego muy suavizadas en una rectificación. Aún más decisiva fue la impresión causada por el viaje del rey a los Estados Unidos y las declaraciones hechas allí, entre otros sitios, en el Congreso en Washington, en las que aseguró que en España se implantaría una democracia plena.

A la vista de la situación, la política seguida por la Corona se mostraría determinante. El rey y los consejeros que le rodeaban entonces perseguirían, desde junio de 1976, la dimisión del presidente Arias por decisión propia. Esto no fue fácil en principio. Al fin, las presiones, la convicción del propio Arias de que sus apoyos eran mínimos, y la decisión de la Corona, hicieron que el 30 de junio de 1976 Arias comunicara a su gobierno la decisión de dimitir. La dimisión fue presentada el 1 de julio y entonces se puso en marcha el mecanismo para la designación de un nuevo presidente. Precisamente tal mecanismo pasaba por el trámite de la propuesta al rey de una terna de nombres que había de presentar el Consejo del Reino, presidido, como sabemos, por Fernández Miranda.

3.2 La alternativa de la oposición

Entre tanto, desde los meses finales del año 1975, aún antes de la muerte del dictador, la coordinación entre los diversos grupos de la oposición se había hecho más firme y continuada. Como ya hemos apuntado, la mayor parte de los grupos de la oposición tenían perfilada su posición política de promover una alternativa radical al régimen franquista consistente en la marcha hacia un verdadero proyecto constituyente, una situación de emergencia política y legal, en la que se sometiera a la decisión del país el régimen político y los grupos que habrían de ejercer el poder.

El 26 de marzo de 1976 se publicaba el primer manifiesto de la llamada «Coordinación Democrática», que se convirtió realmente en el organismo unitario de la oposición, capaz de entrar en diálogo con los gobiernos de la monarquía y en la que se agrupaban prácticamente todas las fuerzas políticas y sindicales organizadas, y un numeroso grupo de ciudadanos independientes. Sin embargo, las conversaciones con quienes ostentaban el poder no empezarían a ser realidad hasta que Adolfo Suárez ascendiera ya en el verano de ese mismo año a la presidencia del gobierno.

Mientras en las alturas del gobierno Arias se producían las dificultades vistas y embarrancaba la reforma, en el país se producía un movimiento popular más decidido a favor del cambio. Muchas veces, por parte de deter-minados autores se ha querido ver la transición como un mero proceso de «negociación entre elites». Aunque eso existió, el cambio histórico de la transición contuvo más elementos y dimensiones. En el curso de la transición hubo indudables movilizaciones populares, más o menos numerosas y concienciadas y de orientaciones más o menos radicales, que representaron un papel relevante en las decisiones políticas adoptadas por los gobernantes. La transición no fue en modo alguno el resultado sólo de negociaciones y pactos entre dirigentes.

Por lo pronto, se elevó la conflictividad de todo signo: laboral, política, ideológica. El país estaba preocupado por el paro, la inflación y el terrorismo, y todo ello creaba un clima de auténtica movilización, aunque con muy moderados niveles de violencia. Aumentó espectacularmente el nivel de *politización* de la vida pública y de las manifestaciones culturales, lo que se reflejó, entre otras cosas, en el aumento del índice de lectura de los ciudadanos, en la aparición de periódicos, de revistas políticas y en el renovado interés por la historia y la economía. Hubo una mayor identificación e interés de la juventud en la actividad política. Proliferó el asociacionismo político y de otros géneros.

No debe, en todo caso, medirse el grado de movilización de la ciudadanía sencillamente por la abundancia y amplitud de las manifestaciones en la calle de grandes masas de ciudadanos, aunque las hubo en alto número. Desde el primer momento, el control policial fue muy estricto en manos de un ministro «duro», de talante autoritario, como Manuel Fraga, de quien fue aquella célebre frase «la calle es mía», pronunciada a propósito de la represión de una manifestación. La movilización social fue un hecho como lo sería también, años después, la llegada del *desencanto*. No es menos cierto tampoco que la opción «pactista» que se fue imponiendo entre los dirigentes políticos limitó en definitiva la manifestación popular en masa.

El «orden público» seguiría siendo una de las obsesiones del ministro de la Gobernación, Manuel Fraga. Uno de los conflictos más serios fue la huelga general de Vi-

toria, en marzo de aquel año, duramente reprimida con resultado de varios muertos. Otro fue el de los sucesos de Montejurra (Navarra), en mayo, en el curso de una tradicional concentración carlista donde se enfrentaron facciones de esa misma ideología, con armas de fuego y resultado de un muerto, cuestión en la que el gobierno no intervino de forma decidida.

La oposición externa a los gobiernos de la Monarquía, hasta que Suárez abrió decididamente la vía negociadora, practicó una política en la que se amalgamaban manifestaciones públicas de las alternativas, peticiones y exigencias, junto a un moderado uso de la movilización de las masas. Mediante esa doble estrategia, la oposición más decidida —la de los partidos históricos como el PSOE, el PCE y otros como el PSP de Tierno Galván y los que estaban más a la izquierda— creía poder forzar una decisión de «ruptura» con el régimen anterior para encontrar la nueva legalidad. Otra oposición más tibia, la de monárquicos, liberales, cristiano-demócratas, etc., desconfiaba más de una clara ruptura de la legalidad existente.

Así, como hemos señalado ya, se llegó a mediados del año 1976.

3.3 El impulso al cambio: Adolfo Suárez

Sería a comienzos de julio cuando se abriría un nuevo periodo, que resultó decisivo, en el proceso de la transición política y que hoy identificamos claramente, que transcurre entre el 3 de julio de 1976 y el 15 de junio de 1977. Un año en el que se avanzaría desde la operación para desmantelar el poder institucional del régimen anterior, esencialmente las Cortes, hasta la celebración de unas elecciones generales a diputados para unas Cortes normalizadas en dos Cámaras representativas, Congreso y Senado.

En los primeros días del mes de julio de 1976 se vivió uno de los momentos decisivos del proceso de la transición: el del nombramiento de un nuevo presidente. El Consejo del Reino empezó de inmediato sus sesiones bajo la presidencia de Torcuato Fernández Miranda, pues en cuarenta y ocho horas tenía que presentar su terna al rey. Tras un difícil trabajo, que hoy conocemos mejor gracias a lo publicado sobre Fernández Miranda, el Consejo presentó una terna final en la que figuraban Federico Silva Muñoz, Gregorio López Bravo y Adolfo Suárez. Si, como parece, el preferido de Fernández Miranda y del rey era Suárez, ya no había obstáculo para designarle.

El 3 de julio de 1976 fue designado Adolfo Suárez González para presidir un nuevo gobierno. Pero ¿cómo había sido posible el nombramiento de un falangista, joven, de carrera política poco conocida y de escasa influencia? El nombramiento desconcertó prácticamente a todo el mundo, dentro y fuera de España, a la opinión política y a la prensa. Hubo sectores que pensaron que lo que se intentaba era no avanzar en forma alguna en la reforma. Estaba claro que las previsiones y esperanzas puestas en hombres tenidos por más aperturistas aparecían frustradas...

El nombramiento de Suárez fue atribuido de inmediato, desde todos los ángulos de la opinión, a una maniobra en el

Consejo del Reino de su presidente Fernández Miranda, que al salir de la reunión que designó la terna hizo unas ambiguas declaraciones en las que señaló que estaba en condiciones de ofrecer «lo que el rey me ha pedido». La propia intención de la Corona aparecía ahora menos clara: ¿quería o no quería el rey el cambio? Los acontecimientos subsiguientes aclararon estas incógnitas.

La razón de la elección de un hombre como Adolfo Suárez tenía su explicación en la naturaleza de los planes que para el cambio tenía el propio monarca y su más estrecho asesor, Fernández Miranda. Otros políticos de trayectoria y prestigio más antiguos, de mayor personalidad pública, tenían sus propias ideas y planes sobre la reforma que podrían no coincidir plenamente con los diseñados desde el entorno del rey. Ésa sería la razón para que fuesen descartados, por ejemplo, Areilza o Fraga y, más aún, Silva Muñoz. Parece, pues, que lo que se buscaba desde el entorno del rey para el nuevo candidato era «disponibilidad». Fraga comentaría después que con la designación de Suárez lo pretendido era apartar de la reforma a hombres de su misma generación, para entregarla a otros más jóvenes. Y no se equivocaba.

Adolfo Suárez tuvo muy notables dificultades para constituir un gobierno. Ninguno de los principales políticos del momento quiso formar parte de su gabinete. En el nuevo gobierno, cuya composición se hizo pública el 8 de agosto de 1976, había veinte carteras. En él continuaban algunas personas del anterior, pero había cambios significativos. Aparecían diez nuevos ministros. Martín Villa pasaría de Relaciones Sindicales a Gobernación, llamado ahora Interior. De Exteriores se encargaba a Marcelino Oreja Aguirre y continuaba con importante influencia Alfonso Osorio.

Existía también, en consecuencia, una cierta forma de relevo generacional. Predominaban políticos jóvenes, procedentes en general de las huestes democristianas, de la oposición moderada al franquismo, junto a un grupo de los que luego se llamarían «azules», los reformistas procedentes del interior mismo del régimen de Franco. Todos ellos eran de la generación política que podemos llamar «de los años sesenta».

El nuevo gobierno expuso un programa de actuaciones. Había que asumir de inmediato iniciativas concretas para avanzar hacia un nuevo régimen en lo jurídico y político. El mecanismo pensado desde antes por los reformistas del interior del régimen para pasar desde la situación autoritaria a otra liberal, representativa y democrática, tenía como base la idea de ir con gran cautela «de la ley a la ley» (de las leyes de Franco a las liberal-democráticas). Esta idea había sido expuesta por Fernández Miranda. Se trataba, por tanto, de utilizar los propios mecanismo del régimen para acabar con él. Y aquí reside realmente el punto central del mecanismo por el que se hizo la transición a la democracia: desmantelar el régimen desde su interior mismo y buscar el consenso para ello de las fuerzas de la oposición externa, efectuando un paso político que evitase toda ruptura real, todo interregno, revolu-

cionario o no, y toda confrontación previa de las opciones existentes. Un mecanismo en el que la oposición, e incluso muchos de los reformistas, nunca habían creído.

La reforma por esta vía tenía que dar un paso más. Sería imposible y no tendría credibilidad alguna, no ya sólo si no se conseguía superar la oposición del franquismo sino, además, si no era aceptada por todas las fuerzas políticas que desde siempre se habían opuesto a aquel régimen. Un proyecto de reforma «de la ley a la ley» tendría enemigos en sus dos flancos: el inmovilismo franquista y la oposición histórica al franquismo. La posición de Suárez, que era, en realidad, la de Fernández Miranda, representaba de hecho un verdadero plan de *transición:* las propias leyes del régimen anterior podrían prestar mecanismos para forzar su real desaparición. Todo ello sin llegar a un auténtico proceso constituyente, con ruptura, que no deseaban ni la Corona, ni la masa sociológica y la opinión política, que había mejorado su posición y prosperado en el régimen anterior.

El instrumento de este

plan de cambio de régimen fue la Ley para la Reforma Política.

3.4 La Ley para la Reforma Política

En efecto, la pieza clave en toda la política de la transición posfranquista española se encuentra en ese documento legal que se llamó en definitiva «Ley para la Reforma Política». El documento se produjo, sin ninguna duda, en el entorno del presidente de las Cortes, Fernández Miranda, y el primer borrador parece que fue redactado por él mismo. Pero la verdad es que hasta hoy existen diversas versiones de cómo y quiénes produjeron aquel documento y cómo se fue modificando hasta su presentación pública. El anteproyecto se presentó al Consejo de Ministros el 24 de agosto de 1976.

El texto original de ese peculiar proyecto de Ley Fundamental contenía primero un *Preámbulo* que fue muy discutido y acabó siendo suprimido. El articulado era muy breve: cuatro artículos, con varios apartados cada uno, y una disposición transitoria. Declaraba contundentemente que «la Democracia es la organización política del Estado español» y establecía la elección de unas Cortes por sufragio universal y compuestas de dos cámaras, Congreso y Senado. La primera de 350 miembros, elegidos todos por sufragio, mientras que el Senado tenía más bien un tinte corporativo, pues se componía de 250 miembros, de los que 102 eran electivos pero el resto designados. Antes de aprobar la reforma, el rey podría someterla a referéndum del pueblo.

La disposición transitoria era también clave pues en ella se facultaba al gobierno para organizar por decreto-ley las primeras elecciones a celebrar, y se mencionaba explícitamente, con la palabra «partido», a los organismos que habrían de recibir los votos. El texto primitivo de aquella ley, que se llamó primero «de Reforma Política», fue objeto de estudio por el conjunto del gobierno y lo trató más a fondo una comisión que se creó en su seno, presidida por Adolfo Suárez. El día 6 de septiembre se dio el visto bueno a un texto ligeramente retocado y el

39

día 10 se aprobada definitivamente con el nuevo nombre de Ley para la Reforma Política (LRP). El día 11 de septiembre se le dio a conocer al Consejo Nacional del Movimiento y se anunció por televisión su existencia a todo el país.

El texto elaborado por el gobierno y presentado a la opinión pública tenía algunas notables variantes sobre el original. Evitaba algunas expresiones del borrador primitivo e insistía ahora, más que en la democracia, en la «supremacía de la ley» y se suprimía la palabra «partido». No hablaba ya del número exacto de diputados y senadores, pasando el asunto a una disposición transitoria, y hacía a los senadores electivos o «en representación de las entidades territoriales», suprimiendo todo resabio corporativo. El rey podría nombrar directamente no más de un quinto del total de ellos. La iniciativa de la reforma de las leyes se limitaba al gobierno y al Congreso de los Diputados. El rey sólo tendría el derecho de someter a referéndum el proyecto de reforma que se le presentara, pero siempre tenía la posibilidad de promo-

ver refrendos de iniciativas suyas. El gobierno organizaría las primeras elecciones. Aquella ley se proponía con rango de «ley fundamental», para seguir con la terminología franquista.

El primer examen que el anteproyecto atravesó fue el del Consejo Nacional del Movimiento. En menos de un mes, desde el 8 al 21 de octubre, aquel organismo llegó a un dictamen. El informe fue votado en el Consejo y aceptado por 80 votos contra 13 y 6 abstenciones. Después pasó a las Cortes, donde el trámite se presentía mucho más difícil. Las Cortes nombraron una Ponencia para hacer un dictamen cuya composición fue estrechamente vigilada por el presidente Fernández Miranda. Era una Ponencia de gentes adictas a la reforma —Fernando Suárez, Miguel Primo de Rivera, Noel Zapico, Belén Landáburu, Lorenzo Olarte—. Las normas establecidas para la tramitación de aquel esencial proyecto habían sido pensadas y sopesadas por los reformistas desde antes: procedimiento de urgencia, votaciones nominales, ausencia de votación previa de las enmiendas, debates con tiempo tasado.

El informe que tendría que dar la Ponencia creada por las Cortes fue el objetivo de la primera batalla. El propio Adolfo Suárez comunicó al presidente de la Comisión de Leyes Fundamentales de las Cortes, en cuyo seno funcionaba la Ponencia, qué aspectos de la ley estaba el gobierno dispuesto a negociar. La Ponencia empezó por desestimar la mayoría de las enmiendas que se presentaron. El Pleno de las Cortes que debatió la Ley para la Reforma Política se extendió durante los días 16, 17 y 18 de noviembre.

Aquellas sesiones se desarrollaron en un clima de expectación, pero no se produjo ninguna anormalidad significativa. El orden de los debates fue perfecto. Todo el aparato del llamado *búnker* actuó como se esperaba, oponiéndose a la reforma. Pero su fuerza era ya pequeña. El caso es que también se negoció fuera de las Cortes. La enmienda sobre el sistema electoral para la elección de diputados dejó establecido que sería proporcional con correcciones, o mayoritario con limitaciones. El texto final de la Ley resultó aprobado por 425 votos afirmativos, 59 votos negativos y 13 abstenciones. La votación fue nominal, forma impuesta por el presidente. Nadie hubiera podido suponer un éxito semejante.

Muchas veces se ha hecho la misma pregunta: ¿cómo fue posible que la más alta representación política de las fuerzas que apoyaron el régimen de Franco aprobara, y con semejante mayoría además, una Ley para la Reforma Política que era el principio del fin de todo el aparato institucional existente y de una dominación de casi cuarenta años de los vencedores en una guerra civil? En efecto, aceptar el sufragio universal sin exclusiones parecía que apuntaba a la destrucción del poder autoritario. Pero, aunque lo parezca, no está nada claro que los franquistas que asintieron a la ley lo viesen así. Tenían otras expectativas.

Con seguridad se les había asegurado una transición sin peligros: la conservación de su estatus, el predominio de la derecha, la inexistencia de petición de responsabilidades al régimen anterior, el mantenimiento en la ilegalidad de la izquierda más agresiva. El ministro Martín Villa, en sus *Memorias,* es muy explícito: «Los distintos miembros del gobierno y personalidades afines habíamos tenido buen cuidado en los días anteriores [a la votación] de convencer personalmente a un buen número de procuradores». Otro memorialista, Herrero de Miñón, ha dicho que la idea de crear un Senado se mantuvo para convencer a los procuradores de que allí tendrían su nuevo sitio. El franquismo residual sabía que contaba ya con pocas bazas efectivas: internacionalmente no había otra solución, el Ejército —que no tenía un líder indiscutible ni con el prestigio suficiente— no se levantaría contra los deseos del rey. El franquismo residual creyó que salvaba en lo esencial sus posiciones y privilegios en la nueva situación. Y ello fue lo que realmente ocurrió en el plano social.

3.5 La oposición y la negociación

¿Cuál fue la actitud y la acción de la oposición al régimen ante el plan y su desarrollo propuesto por los reformistas desde el gobierno? Por lo pronto, como diría un intelectual de izquierdas que escribía en los primeros meses de 1977, José Vidal Beneyto, entendía que ése era el «proyecto de reforma política [obra] de la Corona». Y, en último extremo, «[obra] del franquismo». La desconfianza era absoluta. Esta oposición exterior al aparato franquista, agrupada en Coordinación Democrática, presionaba ya desde el mes de septiembre de 1976 para la adopción de medidas políticas inmediatas.

Coordinación Democrática estuvo siempre enfrentada a una fórmula de reforma que no le parecía sino la consagración de la continuidad del régimen con un ligero retoque. En aquellos momentos la propuesta política de la oposición se expresaba en la fórmula *ruptura democrática,* es decir, un procedimiento constituyente que a través de un gobierno provisional y unas elecciones generales pusiera las bases de un nuevo sistema político y un nuevo Estado. Pero con el curso del proceso esta posición se fue moldeando. Desde esa ruptura democrática se pasaría a la propuesta de ruptura *pactada* —término acuñado por Raúl Morodo, del PSP—, después a la *reforma,* hasta llegar a la *reforma pactada.* Esta progresiva claudicación de la oposición antifranquista es lo que ha sido considerado por bastantes autores como el fenómeno más reprobable de toda la transición.

La oposición reclamaba también como medida inexcusable e inaplazable la concesión de una amnistía general para los delitos políticos que había inventado el franquismo, pero esto no era posible sin modificar el Código Penal. Esa modificación que había fracasado en junio se aprobó por las Cortes el 14 de julio y se concedió una primera y muy parcial amnistía. El problema que subyacía también era el de la aprobación de asociaciones que pudieran tener la forma de partidos políticos y en especial admitir la posibilidad de un Partido Comunista de España legal.

Suárez tenía que hacer frente a la presión de estas fuerzas y, al tiempo, intentar no levantar desconfianza en los «poderes fácticos», fundamentalmente el Ejército. El día

10 de septiembre se había dirigido Adolfo Suárez a la nación exponiendo sus proyectos. Un poco antes, el día 8, había reunido sin publicidad a lo que empezó a conocerse como la «cúpula militar», capitanes generales y generales con cargos importantes, a los que explicó el alcance de la reforma prevista. Era una hábil manera de tranquilizar a las cabezas de uno de los más peligrosos escollos para cualquier cambio. Suárez aseguró a los reunidos que el PCE no sería legalizado y que no había peligro de perder unas elecciones.

Por otra parte, desde muy temprana fecha después de la designación de Suárez, los contactos en secreto entre el gobierno y miembros de la oposición se produjeron con alguna frecuencia. El 10 de agosto Suárez recibe por vez primera a Felipe González. Y poco después el ministro del Interior Martín Villa se entrevista con el líder nacionalista catalán Jordi Pujol. Varias veces más, Suárez se reuniría con líderes de la oposición como Enrique Tierno Galván, presidente del PSP, y de nuevo con Felipe González. Los comunistas no son tenidos en cuenta en este momento.

El 4 de septiembre de 1976 tuvo lugar la importante reunión de todos los partidos de la oposición en el Hotel Eurobuilding de Madrid, donde se acordó mantener el proyecto de ruptura democrática. En todo el año 1976, treinta partidos y grupos políticos no legales, al menos, firmaron manifiestos que hablarían a veces de ruptura, pero que coincidirían siempre en pedir un periodo constituyente que marcaría esa ruptura. Pocos días después de esto hemos visto cómo Suárez se reunía con la cúpula militar y exponía luego el proyecto de reforma política en televisión.

En noviembre continuarían las propuestas de la oposición para avanzar en la ruptura con una serie de condiciones: legalizaciones de partidos, supresión del Movimiento y los sindicatos verticales, libertades totales y consulta popular controlada. Como muestra de que en absoluto creía en el camino emprendido, en este mismo mes de noviembre los partidos reunidos en Coordinación Democrática presentan ante el Parlamento Europeo una petición de resolución para que se declarase que el procedimiento seguido en España para cambiar el régimen no contaba con apoyos en la CEE. Pero ese documento no prosperó.

Las negociaciones secretas gobierno-oposición continuarían en todo el periodo, participando en ellas Joaquín Ruiz-Giménez, Enrique Tierno Galván, Santiago Carrillo (entrado clandestinamente) y Felipe González. Culminarían con la reunión mantenida el 27 de febrero de 1977 entre Santiago Carrillo y Adolfo Suárez, en casa del abogado José Mario Armero. Suárez y quien era considerado un líder ineludible en la oposición, Santiago Carrillo, encontraron allí que estaban de acuerdo en bastantes más puntos de los que hubieran esperado. La legalización del partido comunista era una de las cuestiones clave y, aunque después se ha intentado echar tierra al asunto, González era uno de los que dudaba de que ello fuese posible. Los partidos estaban más preocupados de sus ventajas en una negociación con el poder que de conseguir una igualdad para todos.

Mientras la oposición rechazaba el procedimiento de la *reforma* política, los reformistas en el poder no querían saber absolutamente nada de una *ruptura*. Suárez intentaba convencer a todos de que la reforma pretendía contar con todas las fuerzas políticas, mostrando sólo ciertas ambigüedades en el caso de los comunistas. Estaba claro que la reforma no podía hacerse sin contar de alguna manera con la oposición. Sólo la participación de ésta podría dar legitimidad a un cambio de régimen. Y esa participación no podría manifestarse sino tomando parte en unas elecciones generales. Llevar a la oposición a esas elecciones era la segunda clave para el éxito del proceso, tras la primera, que había sido la superación de la resistencia del franquismo.

4

LA ARTICULACIÓN DE UN NUEVO SISTEMA POLÍTICO (1977-1979)

El periodo de articulación de un régimen político verdaderamente nuevo se prolongó entre primavera y primavera de 1977 a 1979. Un primer momento fue el que desembocó en la efectiva celebración de las elecciones previstas para junio de 1977 y la elección de un Congreso y un Senado por sufragio universal. Ahora bien, antes de poder llegar a una convocatoria de elecciones, el país necesitó poner a punto los elementos que eran imprescindibles para una convocatoria de ese tipo. Agrupaciones políticas normalizadas, o sea, partidos políticos, ley electoral, normas para la campaña electoral, etc. Todo ello fue preparándose en la primavera de 1977.

Tras la elección de esas nuevas Cortes, y una vez que el camino hacia la democracia parecía definitivamente abierto, vino la fase política y jurídica que en términos normales suele llamarse *constituyente*. La fase de construcción de una verdadera ley fundamental del régimen o Constitución. El periodo junio de 1977-febrero de 1979 tuvo, de hecho, ese carácter constituyente. Pero, además, la situación económica y social del país era tan comprometida, desde la crisis de los primeros años setenta, que otra de las grandes tareas del momento fue la de establecer un acuerdo o «pacto» entre todas las fuerzas sociales y políticas para enfrentarla. El resultado fueron los Acuerdos de La Moncloa. Con las nuevas elecciones generales del mes de marzo de 1979, podría decirse que se entraba en la época de normalización del nuevo régimen o, lo que es lo mismo, de su *consolidación*.

4.1 Hacia el nuevo sistema político

La Ley para la Reforma Política aprobada por las

Cortes fue sometida a referéndum popular el 15 de diciembre de 1976. Por las razones ya dichas, toda la oposición que no creía en aquella reforma no estaba dispuesta a apoyarla, pero tampoco se opuso de manera frontal y promovió simplemente la abstención en el referéndum. Esa llamada tuvo escaso éxito porque la abstención registrada realmente en la votación rozó el 30 por 100 del electorado, salvo en el País Vasco, donde fue superior, mientras los votos afirmativos entre los votantes alcanzaron el 81 por 100. Aquel resultado significaba, en cualquier caso, un fortalecimiento significativo del camino emprendido por los reformistas.

Una vez refrendada por el pueblo, la LRP se publicó en el BOE el 4 de enero de 1977. El desarrollo legislativo subsiguiente tendió a ajustar a ella el cambio y, en especial, el mecanismo de las elecciones previstas. A pesar del relativo fracaso experimentado por Coordinación Democrática al no conseguir una alta abstención en el referéndum, a comienzos del año 1977 las fuerzas políticas opositoras seguían manteniendo su posición de ruptura democrática frente a la de reforma. No obstante, la apertura de nuevas perspectivas era inevitable. Los partidos políticos, el PSOE fundamentalmente, irían entendiendo que la vía de la legalización y participación en las elecciones era la que tenía menores obstáculos. Suárez emplearía una política de negociación con grupos políticos concretos, porque pensaba que así era más fácil convencerlos.

El triunfo de la LRP, en definitiva, obligaba necesariamente a un cambio de estrategia a la oposición al gobierno Suárez. Se alejaba la posibilidad de una ruptura y había que entrar en la línea de la participación máxima en un proceso de reforma por la vía que marcaba la LRP. La negociación seguiría siendo un camino empleado, pero la vigencia de los organismos unitarios de oposición se hacía cada vez más precaria, pues había llegado el momento para los grupos políticos de pasar a la acción autónoma. En el caso catalán se producía el mismo fenómeno: el protagonismo de la Asamblea de

Cataluña iba a dar paso al de los partidos. En definitiva, la consolidación del gobierno y de la reforma política que había protagonizado Adolfo Suárez abrió varios frentes nuevos en el año 1977.

El escollo fundamental para un cambio político de gran calado estaba salvado. Se trataba ahora de ejecutar las previsiones de la Ley y poner en marcha otros muchos mecanismos. Había que atraer a la reforma a toda la oposición, facilitar la presencia de partidos políticos y controlar aún fuertes resistencias de los mecanismos y poderes ocultos que pretendían impedir la reforma a toda costa.

Permanecían agazapadas oscuras, y sin duda minoritarias, fuerzas políticas tanto a la extrema izquierda como a la extrema derecha, que se oponían al proceso de cambio por métodos terroristas practicados durante todo el proceso de cambio y que eran capaces de producir gran impacto negativo. La práctica terrorista alcanzaría especial significación en diciembre de 1976 y enero de 1977, por obra de grupos como los GRAPO (Grupos de Resistencia Antifascista Primero de Octubre) o el FRAP (Frente Revolucionario Antifascista y Patriota), ligado éste a la extrema izquierda marxista. Pero, junto a ellos, la amenaza sustancial seguía proviniendo de ETA, el terrorismo nacionalista vasco, que, lejos de disminuir su actividad una vez que el régimen franquista estaba en vías de disolución, la aumentó, mostrando la verdadera cara de su estrategia y objetivos.

En las fechas en que había de celebrarse el referéndum de la LRP, el GRAPO secuestró al presidente del Consejo de Estado, Antonio María de Oriol y Urquijo. El 24 de enero de 1977 se produciría la matanza, a manos de pistoleros de la extrema derecha, de los abogados de un despacho laboralista de la calle de Atocha, en Madrid, conocidos por su ligazón con el PCE, en un intento evidente de producir una convulsión en la izquierda. Y se producirían aún más asesinatos terroristas.

La actividad política entre enero y mayo de 1977 se orientó en lo esencial hacia la preparación de las elecciones generales y la profundización legislativa de varios tipos de reformas liberalizadoras. Adolfo Suárez se asentaba al frente del gobierno prácticamente como el único director ya de la tarea de llevar al país al establecimiento de nuevas instituciones. En la primavera de 1977 su protagonismo político se acentuó aún más. Y ello fue acompañado del oscurecimiento de otro personaje importante, Torcuato Fernández Miranda. La labor de Fernández Miranda sería ya menos esencial desde el momento en que don Juan de Borbón, que era el real heredero de la Corona en la sucesión del rey Alfonso XIII, abdicase formalmente de sus derechos, en el mes de mayo, reconociendo la Monarquía de su hijo don Juan Carlos.

Suárez continuaría sus contactos con la oposición a través ahora de una comisión de negociación creada por ésta, compuesta de diez miembros —la «Comisión de los Diez»— a los que presidía un viejo monárquico opositor al franquismo, Joaquín Satrústegui. De ella formaban ya parte representantes específicos de regiones históricas, como era el caso de Pujol, por Cataluña, Julio Jáuregui, por el País Vasco, y Valentín Paz Andrade por Galicia. Precisamente el mecanismo de la legalización de partidos fue uno de los puntos conflictivos y sufrió modificaciones significativas a lo largo de estos meses. De hecho, otros tipos de libertades adquirirían ya una materialización razonable, aunque había muchas imprecisiones y discrecionalidades para el gobierno. El 4 de marzo de este año un decreto establecía la legalidad de las huelgas con ciertas restricciones, y el 1 de abril se decretaba igualmente el derecho de asociación sindical. Quedaba el asunto más espinoso de la legalización de los partidos políticos.

4.2 Legalización y normalización de los partidos políticos

Una de las características más peculiares del periodo de la transición fue la inmensa proliferación de grupos políticos que aparecieron al calor de la posibilidad de participar en un proceso electoral. El recuento aporta más de cien grupos políticos en e año 1977. Los grandes grupos políticos con alguna opción a representación viable en las instituciones eran, naturalmente, muchos menos, pero, aun así, el espectro político se presentaba sumamente fragmentado.

El gobierno de Adolfo Suárez estableció un sistema de legalización de los grupos políticos al que se pretendió dar un alto componente judicial, y en el curso de su aplicación se produjeron episodios de mucha tensión política en la primavera de 1977. El mecanismo funcionó bien hasta tropezar con el problema del PCE. A la legalización de este partido se oponían, como cabía esperar, el grueso del Ejército, toda la extrema derecha franquista, buena parte de la derecha más pragmática, con Fraga a la cabeza, y una parte difusa de la opinión popular, que veía en ello un peligro de repetición de viejos enfrentamientos. Había quienes expusieron la opinión, como hizo Fraga, de que esa legalización no debería hacerse sino más adelante, con la democracia ya consolidada. Cuando el PCE presentó los documentos para su legalización, el

Suáre... ...cido de que la ...lización era ineludible, hizo una preparación de ella muy sigilosa. No comunicó su intención a los ministros, especialmente a los militares, y preparó y emitió el decreto de legalización en plenas vacaciones de Semana Santa, cuando la actividad administrativa y política era mínima. Fue hecha pública esa legalización el Sábado Santo «rojo», 9 de abril de 1977, cuando los cuarteles estaban prácticamente vacíos. La legalización levantó un considerable revuelo; el alto mando militar, el Consejo Superior del Ejército, publicó una nota de repulsa y dimitió como ministro el almirante Pita da Veiga y algunos otros cargos militares. Pero las reacciones no pasaron de ahí. El último gran obstáculo para una reforma pactada estaba levantado. Para el propio PCE el coste de la legalización no sería tampoco pequeño: significaba considerar que la forma del régimen

, que el reforma no sino el de unas ...iones que no cuestionarían la Monarquía y la aceptación de la bandera vigente frente a la republicana. Dentro del propio partido hubo oposición.

En esos momentos culminantes del proceso de transición, el espectro de los partidos políticos españoles era bastante confuso, después de casi medio siglo sin democracia real. El origen de algunos nuevos partidos data, sin embargo, del verano de 1976, o desde que se puso en marcha el proceso de la LRP. Políticos del franquismo como Manuel Fraga, Pío Cabanillas, José María de Areilza, entre otros muchos, comenzaron a constituir grupos políticos. En el entorno del propio Suárez se movían otros personajes, como el ministro Alfonso Osorio o Landelino Lavilla, que procedían en general de los grupos democristianos.

Fraga se situaría muy a la derecha con su grupo Alianza Popular. Su proyecto acabaría este periodo con el nombre de Coalición Popular, habiendo pasado antes por el de Coalición Democrática. Pero el empeño más notable fue el de construir un nuevo grupo de *centro* en torno al propio Adolfo Suárez. Los contactos con el Palacio de la Moncloa, que se había convertido en la residencia oficial del jefe del gobierno, se acelerarían a partir de marzo de 1977. Suárez se entendería primero con los nuevos políticos centristas: Álvarez de Miranda, Íñigo Cavero, Cabanillas, Areilza... A ellos se acercarían luego los que acabarían conociéndose como «azules», por su procedencia del franquismo, cuyo personaje más conocido era quizá Rodolfo Martín Villa. Este conjunto altamente heterogéneo de grupos políticos, a los que se unirían los socialdemócratas de Francisco Fernández Ordóñez, acabó constituyendo una federación de partidos, la Unión de Centro Democrático (UCD), en la última decena de marzo de 1977.

En el conjunto general de la izquierda, que en estas fechas se identificaba sobre todo con los partidos de tradición obrerista y de inspiración más o menos inmediata en el marxismo, destacaban dos partidos históricos, el Partido Socialista Obrero Español (PSOE) y el Partido Comunista de España (PCE). Para el viejo partido socialista español lo importante y decisivo fue la renovación experimentada en los años setenta con un profundo cambio generacional en sus dirigentes. En el XIII Congreso del PSOE en el exilio, celebrado en Suresnes (París), en octubre de 1974, se produjo la elección de un nuevo secretario general, Felipe González Márquez, un joven político del «grupo sevillano» del socialismo.

Mientras el PSOE se había mantenido en un plano más secundario en la oposición al franquismo desde 1939, el verdadero bastión de ella había sido toda la organización clandestina del PCE, a la que la policía franquista persiguió con mayor intensidad. Pero el problema del PCE fue que en él no se produjo la gran renovación generacional experimentada en otros grupos. En esto coincidía con la derecha franquista de Fraga Iribarne. Santiago Carrillo, el secretario general, con una legendaria habilidad política, pragmatismo y su nueva propuesta del *eurocomunismo,* sería una figura clave en el proceso

central de la transición. En los primeros años ochenta dilapidaría el capital político acumulado por el PCE.

En la izquierda de tradición marxista aparecerían grupos nuevos destinados a jugar un papel que poco a poco iría decreciendo, ante el fenómeno normal de la concentración del voto en pocos partidos. En este caso estaban el Partido Socialista Popular (PSP), creación del profesor Enrique Tierno Galván, la Organización Revolucionaria del Trabajadores (ORT), el Partido de los Trabajadores de España (PTE), el Movimiento Comunista, la Liga Comunista Revolucionaria y otros. Ningún partido de los situados a la izquierda del PCE consiguió nunca un escaño de diputado, seguramente a causa de la propia naturaleza de la ley electoral. La extrema derecha estaba representada sólo por Fuerza Nueva, el partido de Blas Piñar, de vieja ideología falangista y carlista.

Un último tipo de partidos lo constituían los de ámbito regional, entre los que destacaban los nacionalistas: el Partido Nacionalista Vasco (PNV) o Esquerra Republicana de

Catalunya. En la transición aparecieron nuevos partidos de carácter nacionalista, no sólo en las regiones o *nacionalidades* históricas, según las definiría la Constitución de 1978, es decir, Cataluña, País Vasco y Galicia, sino en regiones que no habían tenido sino atisbos de nacionalismo anterior o no lo habían conocido de hecho. Sería el caso de Valencia o de Andalucía, y, en menor grado, de Aragón.

En Cataluña, el nacionalismo de derechas se iría aglutinando en torno a la formación Convergència Democràtica de Catalunya, que lideraría Jordi Pujol, y a la formación democristiana Unió Democràtica de Catalunya, dos grupos políticos cuya coalición acabaría dando lugar al grupo de Convergència i Unió (CiU), eje de la derecha nacionalista catalana hasta hoy. En el caso vasco, el fenómeno fue el contrario, el de la ampliación del espectro con la aparición de nuevos grupos, de un nacionalismo supuestamente de izquierda, EIA, HASI, ES, EHAS, que acabarían luego confluyendo en la coalición Herri Batasuna, bajo el influjo de ETA. En Andalucía apareció en esta línea nacionalista el Partido Socialista de Andalucía-Partido Andaluz (PSA-PA) y en Valencia el grupo derechista de menor contenido nacionalista de Unión Valenciana. En Galicia, diferentes grupos nacionalistas acabarían convergiendo en un Bloque Nacionalista Galego. En Navarra o en Aragón persistieron partidos de carácter regionalista no estrictamente nacionalista, como fueron Unión del Pueblo Navarro (UPN) o el Partido Aragonés Regionalista (PAR), respectivamente.

4.3 Las elecciones de 1977

Las elecciones generales fueron convocadas el 15 de abril de 1977. El sistema electoral que se aplicaría se establecería definitivamente por decreto-ley de 23 de marzo de 1977, donde se recogía todo lo dispuesto por la LRP y se introducía el mecanismo de atribución de escaños llamado Ley d'Hondt, un sistema proporcional muy corregido, para evitar la dispersión del voto. Se establecía un número mínimo de diputados por provincia —cuatro— y un número igual para todas —tres— de senadores. Suárez anunció el día 3 de mayo que se presentaría a las elecciones.

La campaña electoral para las elecciones de 1977 era la primera que se hacía en España para unas elecciones libres desde la de la primavera de 1936, cuarenta y un años antes... Es seguro que a la población española de 1977 aquello le pareció «espectacular», sobre todo por su novedad. A pesar del influjo ya patente de los medios de comunicación social, especialmente de la televisión, todavía fue aquélla una campaña electoral al viejo estilo, donde prevalecía el mitin y la generalizada asistencia de los ciudadanos a los actos de propaganda. Los españoles pudieron escuchar después de casi medio siglo a viejos políticos con trayectoria anterior a la guerra civil, como José María Gil Robles, Santiago Carrillo, Joaquín Leizaola o Raimundo Fernández Cuesta, junto a nuevos, como Felipe González, Jordi Pujol, Adolfo Suárez, etc. Se contabilizaron cerca de 22.000 mítines en aquella campaña.

Los resultados electorales fueron significativos de la heterogeneidad social de España y, en alguna manera, sorprendentes. Sobre un censo electoral de algo más de 23,5 millones de votantes, registraron la participación de 18.2 millones y la abstención de 5,4 millones, es decir, un 79,92 por 100 de participación, una cifra que resulta normal, siendo ya desde entonces Galicia el feudo clásico de la abstención.

Ningún partido obtuvo la mayoría absoluta de los 350 escaños de diputados y de los 201 senadores. El partido más votado fue la UCD, resultado que era previsible, con más de seis millones de votos, el 35 por 100 de los votantes, obteniendo 165 diputados. Le siguió el PSOE, con 5,2 millones de votantes, el 29 por 100, y 118 escaños. La gran sorpresa, y negativa, la dieron el PCE y el PSUC (Partido Socialista Unificado de Cataluña, que equivalía en esa región al PCE), que constituían listas únicas, es decir, el comunismo español, que con 1,6 millones de votantes no llegaron al 10 por 100 del censo, consiguiendo 20 diputados, y quedando como un partido de segunda fila.

Es muy posible que la memoria histórica, un cierto temor a remover el pasado y la falta de una verdadera renovación en el comunismo español explicase este resultado históricamente injusto con la ideología y los hombres que más habían luchado (y sufrido) contra el régimen de Franco y que habían sido claves en el propio proceso de la transición. La fuerza electoral del PCE no correspondió en absoluto a su organización. Desde entonces se vio que el comunismo en modo alguno podría ser ya en la nueva España una fuerza equiparable a la del PCI en Italia o, incluso, a la del PCF en Francia.

El fracaso se correspondía simétricamente con el del franquismo reciclado en AP (Alianza Popular) y dirigido por Manuel Fraga. Seguramente, la explicación histórica de ello es la misma que para el caso de la izquierda comunista. Obtuvo 16 escaños, con 1,5 millones de votos. El destino de esta derecha sería, sin embargo, más agitado en el futuro. Junto a estos cuatro grupos principales, los resultados de todos los demás tuvieron mucha menos relevancia. Las extremas derecha e izquierda no obtenían representación, abriendo con ello una situación que se mantendría también normalmente en el futuro. Los partidos nacionalistas regionales tuvieron ya un cierto éxito en sus respectivas regiones, pero aún menor que los que alcanzarían después.

Los resultados electorales determinaron que el grupo gobernante fuese la UCD —que por entonces era una federación de partidos y no un partido unitario—. Adolfo Suárez, como líder de la minoría mayoritaria, constituiría un primer gobierno de partido propiamente dicho el día 4 de julio de 1977. Desaparecían definitivamente las Cortes heredadas del franquismo.

4.4 La elaboración de una Constitución

En función del proceso mismo de la reforma, las Cortes elegidas el 15 de junio de 1977 no eran unas Cortes Constituyentes, en contra de la idea de ruptura democrática que incluía por definición ese carácter. La elaboración de una Constitución liberal-democrática no se contemplaba, como sabemos, en la LRP. Quedaba más allá de su alcance mismo. ¿Cómo pasó la transición a convertirse en un proceso constituyente? A cinco lustros de distancia, la atribución de la idea constituyente puede ser motivo de polémica entre líderes de la época.

No cabe duda de que la idea constituyente había sido expuesta por la oposición y no por los reformistas del régimen. Pero también parece cierto que tras el proceso, pautado y sin grandes sobresaltos, que había llevado a la elección de las Cortes, la obra no podía considerarse concluida sin elaborar una nueva ley fundamental, ésta sí auténticamente constitucional al ser democrática, que sustituyese todas las leyes políticas del régimen franquista. Es muy posible que antes de las elecciones todas las ideas sobre ello estuviesen en suspenso en espera de lo que ocurriese.

No parece dudoso tampoco que la elaboración de una ley constitucional era lo que demandaba el pueblo y, por tanto, no se dudó de que la primera función que aquellas Cortes habían de desarrollar era la elaboración de un documento constitucional. El verdadero proceso constituyente empezaba ahora. Y prueba de su consideración como tal es que cuando la Constitución estuvo elaborada, refrendada y promulgada, el gobierno de Suárez procedió a disolver las Cortes en 1979, como si de unas verdaderas Cortes constituyentes se tratase.

Pero si la naturaleza de estas Cortes, que habrían de liquidar el franquismo, era particular, no lo fue menos todo el proceso que llevó a la elaboración de la Constitución española de 1978 hoy vigente. El momento constituyente de los años 1977 y 1978 resulta especialmente notable en la historia constitucional española desde las Cortes de Cádiz a comienzos del siglo XIX. Un momento ejemplar y singular con independencia del propio contenido político de la Ley Fundamental. Frente al sesgo muy partidista que los textos constitucionales españoles habían presentado entre 1837 y 1931, dejando aparte, desde luego, el caso de la Constitución inaugural, la de 1812, que es un documento excepcional y mítico, al preparar la Constitución de 1978 se hizo el primer gran esfuerzo consciente y sostenido por conseguir una ley presidida por el célebre *consenso de los partidos*. La gran apuesta fue producir una Ley Fundamental que pudiera ser aceptada por todas las fuerzas que querían un régimen nuevo democrático, sin imposiciones doctrinales de nadie y que señalara los mínimos políticos aceptables por todos.

El esfuerzo por el consenso dio a la Constitución y a su elaboración algunas peculiaridades más. La primera, el largo tiempo que se tardó en prepararla. Las Cortes designaron una Comisión Constitucional, el 26 de julio de 1977, y, en su seno, se designó una Ponencia, el 2 de agosto. La composición misma de la Ponencia era altamente significativa. Pretendía ser, una vez más, de consenso y estuvo constituida por tres miembros de la UCD (el partido mayoritario) y uno por cada uno de los partidos (PSOE, AP, PCE-PSUC y Minoría Catalana). Sin embargo, en esa comisión no hubo ningún representante del nacionalismo vasco, lo que seguramente es un hecho a lamentar, pero la posición del nacionalismo vasco fue siempre muy particular. Aun así, esa Ponencia era, desde luego, ampliamente representativa.

El anteproyecto de la Constitución redactado por la Ponencia no apareció sino en enero de 1978. Tras discutirse en la Comisión y en el Pleno del Congreso, entre mayo y julio de 1978, quedó definitivamente aprobado por Congreso y Senado en octubre de 1978. La aprobación se hizo en ambos casos por una amplísima mayoría. La Comisión Mixta Congreso-Senado aprobó un texto final el 20 de octubre de 1978. El 31 de octubre fue la votación definitiva en ambas Cámaras por separado. El texto definitivo fue publicado el 6 de noviembre.

Quedaba el sometimiento a referéndum popular, que se efectuó el día 6 de diciembre de 1978. Luego vino la sanción real, y la Constitución fue promulgada el 29 de diciembre de 1978. La votación de la Constitución entre los representantes de la nación sólo registró en contra los votos de nacionalistas vascos, un republicano catalanista y unos pocos irrecuperables del franquismo. En el referéndum popular del 6 de diciembre, de un total de casi 18 millones de votantes, 15.706.078 votaron «sí», según los datos oficiales, 1.400.505 votaron «no» y 133.786 se abstuvieron. La abstención rondó el 30 por 100 de los votantes y llegó a casi el 50 por 100 en el País Vasco. Fue aprobada por un 87 por 100 de los votantes y sólo en el País Vasco, seguramente a causa de la propaganda nacionalista, el resultado fue menos contundente, pues allí los votos negativos más la abstención superaban a los positivos.

La segunda peculiaridad que afecta a la Constitución derivada del hecho del consenso se contiene en su propio texto. La Constitución española de 1978 es un texto notable, progresista dentro de un orden, tal vez menos que la de 1931, abierto, pero inevitablemente ambiguo en algunos puntos, y demasiado complaciente en otros. Acusa que debía contentar a todas las posiciones. Una glosa ponderada de su contenido es imposible aquí. Puede señalarse que contiene un título preliminar y diez títulos más donde se establecen los extremos habituales de estos grandes textos políticos. En el conjunto de las constituciones españolas es de las breves, con 169 artículos. Contiene, al final, disposiciones adicionales, transitorias y, contra lo que es habitual, una disposición derogatoria en la que declara derogadas todas las Leyes Fundamentales anteriores, incluida la de Reforma Política, lo que prueba el anormal carácter constituyente con que se hizo.

Como precio por el consenso, la Constitución de 1978 es un documento poco preciso en algunos aspectos, incluso ambiguo en otros, como todo el importante Título VIII que diseña el Estado de las Autonomías. Deja sin perfiles nítidos algunas cuestiones, como la aconfesionalidad del Estado, al hacer una mención expresa de la Iglesia católica, la función última de las fuerzas armadas o al dificultar el paso a derechos debatibles como el de la interrupción del embarazo. En líneas generales, la Constitución se ha mostrado plenamente válida y funcional en los veinte años de su vigencia hasta hoy y prueba que sintonizaba con bastante aproximación con el estado de la sociedad española.

La Constitución de 1978 es notable, en general, por lo avanzado de su lenguaje y su protección de los derechos. Declara a España «Estado social y democrático de derecho» y se fundamenta en la «indisoluble unidad de la nación española», que está integrada por «nacionalidades y regiones» a las que se garantizaba el «derecho a la autonomía». Se reconoce una lengua oficial del Estado, el castellano, cosa también novedosa, y se reconocen como oficiales en sus respectivas Comunidades Autónomas «las demás lenguas españolas». Las declaraciones de derechos y libertades son amplias y se alude a la Declaración Universal de Derechos Humanos, dedicándose a ello todo el amplio Título Primero y, en especial, el Capítulo Segundo de éste. En los aspectos sociales y económicos, se reconoce la libertad del mercado pero también la posibilidad de planificación económica, y se prevé la intervención del Estado en la propiedad por motivos de interés colectivo.

4.5 El modelo de Estado de las Autonomías

El paso de un Estado centralista a otro descentralizado fue también una de las ideas esenciales que alumbraron toda la transición y la construcción de un nuevo sistema político. La Constitución dio forma a esta idea en su Título VIII, si bien de tal manera que ha sido ésta la parte más discutida hasta la actualidad. El diseño y construcción de ese Estado se puso en marcha desde la aceptación de la reforma pactada en 1977, pero se aceleró de forma decisiva tras las elecciones de junio de ese año, aun antes de que la Constitución estableciera un modelo de *Estado de las Autonomías*. Las ideas, los proyectos y los programas de descentralización del Estado eran también muchos e iban desde el federalismo hasta una simple reforma administrativa. Aunque la reclamación de un reparto distinto del poder político era una reivindicación casi unánime, con la excepción del más recalcitrante franquismo, no había en todo el país un movimiento claramente separatista.

Lo que se impuso fue el modelo de Estado integrado por *Autonomías,* es decir, sistemas políticos regionales, basados unos en situaciones históricas y otros creados ahora y que compondrían en su conjunto el Estado. No se aceptó la idea de conceder autonomía especial a las regiones que habían vivido un nacionalismo histórico, como era el caso de Cataluña, el País Vasco y, en menor grado, Galicia. La posición que acabaría triunfando sería la mantenida por el partido en el poder, la UCD, que era la de hacer del proceso autonómico una política general aplicada a todas las regiones que lo solicitasen con arreglo a lo establecido en la Constitución. En ese proceso nació el actual conjunto de las diecisiete regiones autonómicas.

Se atravesó primero por la fase llamada de las *preautonomías*. De manera provisional las regiones fueron obteniendo una serie de transferencias de funciones desde el Estado, las primeras las que ya habían dispuesto de estatutos de autonomía con anterioridad al régimen de Franco, es decir, Cataluña y el País Vasco, y las que disponían de una reconocida personalidad histórica, como Galicia. El momento de las preautonomías se extendió por los años 1977 y 1978. Una vez aprobada la Constitución, las Autonomías definitivas quedaron reguladas por el Título VIII, que presentaba algunos problemas de ambigüedad. El camino hacia el régimen autonómico, el tiempo necesario y los órganos autonómicos finales, no se regulaban de forma única sino que se establecían posibilidades diversas en el articulado del Título VIII.

Las dos primeras Autonomías efectivamente constituidas fueron las de Cataluña y el País Vasco. A ellas siguió la de Galicia, de forma que esas tres comunidades, que eran las «históricas», accedieron a la autonomía por el art. 151 de la Constitución. Después, el caso andaluz fue especial. La UCD intentó que la vía rápida del artículo 151 quedara bloqueada para Andalucía y todo el proceso subsiguiente tuvo un coste político muy alto para la UCD, que se hundió prácticamente en aquella región.

Se crearon comunidades uniprovinciales. La situación afectaba ahora a Baleares, Navarra, Asturias, como regiones anteriores, y a Murcia, Santander y Logroño, estas dos últimas con los nombres nuevos de Cantabria y La Rioja, a causa de la evolución política de las respectivas asambleas de parlamentarios. Madrid constituía también un caso muy peculiar, como lo serían por otras razones las plazas africanas de Ceuta y Melilla. El peso de Madrid era de tal importancia que hacía muy difícil su integración en una comunidad sin distorsionar completamente la presencia de las otras provincias. Por ello triunfó la idea de una comunidad uniprovincial madrileña.

Como visión general del proceso podrían hacerse algunas considera-

ciones finales. En principio, la masa de la población, incluso en aquellas zonas donde había nacionalismo y una tradición autonómica, no parecía considerar la autonomía una cuestión esencial. La estructuración autonómica se hizo, en general, de forma rápida y posiblemente precipitada. La idea de llegar a un «pacto autonómico», una especie de «Pactos de La Moncloa autonómicos», como dijo el ministro Martín Villa, plasmó en el «pacto autonómico» que se firmó el 31 de julio de 1981, entre el ya presidente Calvo Sotelo y Felipe González. AP y PCE se habían retirado en el último momento de esa idea de la armonización por motivos particulares en cada caso. El resultado de aquel pacto fue la elaboración de la LOAPA (Ley de Armonización del Proceso Autonómico), que llegó al Parlamento en octubre de 1981, pero fue recurrida ante el Tribunal Constitucional.

5

LAS FUERZAS ECONÓMICAS Y SOCIALES EN LA TRANSICIÓN

Conviene ahora que nos detengamos en otros aspectos de esta historia que son fundamentales para comprenderla. Por lo pronto, es preciso tener muy presente que todo el periodo de la transición a la democracia transcurrió en medio de una crisis económica profunda que tuvo caracteres alarmantes en algún momento. Era la versión española de la crisis mundial de los primeros años setenta, la que se llamó generalmente «crisis del petróleo». Ella añadió dificultades al proceso, pero tuvo también algo que ver con la «moderación» que mostraron bastantes grupos sociales y políticos.

Desde el punto de vista social, debe decirse que, en efecto, en la época de la transición a la democracia fueron los grupos políticos y no las fracciones sociales quienes tuvieron evidentemente el protagonismo de todo el mecanismo del cambio.

Pero ni los problemas que España atravesó en aquel momento eran exclusivamente de orden político ni los agentes históricos fueron únicamente partidos e ideologías. Existieron otras fuerzas económicas y sociales, también los llamados «poderes fácticos», o poderes de hecho, organismos sindicales, asociativos y corporativos de distinto género, que tuvieron un papel destacado en la vida del momento y en las acciones emprendidas.

De todos estos grupos y poderes cabe destacar, en primer lugar, al Ejército y la Iglesia, las dos organizaciones que constituyeron medularmente el apoyo al régimen de Franco. Otros elementos que jugaron papeles decisivos serían la prensa, la nueva y la vieja, los sindicatos de clase, clandestinos primero y legales después, como CC OO, UGT, USO, CSUT, etc. Organizaciones y grupos de presión económica, como serían la gran banca, el empresariado y, desde otro punto de vista, ciertas organizaciones culturales o ideológicas —excombatientes, sindicalistas verticales, etc.—, o corporaciones como la magistratura, muy ligada también al régimen anterior. Y todo ello sin olvidar la influencia de fuerzas extranjeras, la diplomacia de otros Estados, la influencia de grupos políticos afines —comunistas, socialistas y democristianos europeos—, en lo que no podemos detenernos aquí. Además de la presencia del terrorismo y de la acción —interna y externa— de grupos de presión favorables al involucionismo.

En consecuencia, la transición no puede entenderse sólo como un proceso político sino que conllevó también una actuación importante de fuerzas sociales, que produjeron cambios, y un intento de abordar los problemas económicos que no dio un resultado favorable y que obligaría en la década de los ochenta a introducir un reformismo de mayor alcance. La importancia de la situación económica y el protagonismo de los grupos sociales en la transición no pueden minusvalorarse y menos omitirse. Todos los factores estuvieron imbricados. Si las fuerzas y organizaciones sociales del país tuvieron sus papeles, el espectro de problemas de la época era también amplio, como vemos.

5.1 Los Acuerdos de La Moncloa

Tal vez el mejor ejemplo de la forma en que se abordaron los problemas de fondo en medio de los que se hizo la transición sea aquel gran pacto entre grupos que se conoció como «pactos» o Acuerdos de La Moncloa. Éstos eran en realidad el diseño de un gran plan económico y de medidas sociales que había de ser aplicado por el gobierno con el apoyo de todos los grupos. El hecho es que hasta 1977, después de las elecciones de junio, la política económica permaneció en segundo plano hasta que no hubo más remedio que abordarla de forma urgente, como sucedió a fines de aquel año.

La crisis económica que se había ido expandiendo desde 1973 nunca fue abordada seriamente por los gobiernos finales del régimen de Franco. Enfrentar la crisis hubiera supuesto tan duras medidas de política económica —control del gasto, medidas de deflación, etc.— y tan impopulares, que ningún gobierno se atrevió por las repercusiones negativas en la situación política, muy presionada ya por la fuerte oposición. Esta escasa atención se prolongó en los primeros momentos de la transición, dado también que había cuestiones que parecían mucho más urgentes.

Avanzado 1977, y una vez que las resoluciones políticas más inaplazables estaban en marcha, la acción gubernamental y la de los partidos pudieron enfrentar la gravedad de la situación económica y la necesidad de introducir reformas profundas en las instituciones sociales y laborales del país y, en especial, pudo prestarse atención a la urgencia de una estrategia de gobierno que contara con un amplio respaldo para tomar decisiones difíciles con un gobierno que no tenía mayoría absoluta.

En ese marco de crecientes dificultades y urgencias, se fue diseñando la estrategia de actuación que tendría que partir de un alto grado de consenso. Los pactos o Acuerdos de La Moncloa fueron el resultado de una negociación efectuada en octubre de 1977 por todos los grupos políticos parlamentarios en la que se diseñaron unas medidas y se acordó el apoyo de todos los grupos al gobierno para ponerlas en ejecución. Es posible que los Acuerdos de La Moncloa —llamados así justamente porque fueron ratificados en el palacio que era ya residencia del presidente del gobierno— fueran efectivamente el mayor acuerdo reformista que se hizo en veinte años; el más grande esfuerzo global por cambiar estructuras activas arraigadas en el país y muy paralizantes. Otra cuestión sería la propia ejecución de tales medidas, que no alcanzó los objetivos previstos.

Las negociaciones se desarrollaron entre los días 8 y 21 de octubre de 1977 en el Palacio de la Moncloa. Se firmaron los Acuerdos en esta sede el 25 de octubre y fueron aprobados por el Congreso de los Diputados el 27 de octubre. El artífice del pacto fue el economista,

65

entre los más renombrados del país, Enrique Fuentes Quintana, vicepresidente económico del gobierno en aquel momento. Los documentos en los que se concretó el acuerdo eran extensos. Hubo primero una especie de declaración de intenciones. Luego vino el documento extenso, que firmaban diez personas, presididas por Fuentes Quintana.

Los pactos contenían apartados diversos y amplios: medidas monetarias, financieras, fiscales, de producción y laborales o de empleo, a corto plazo. El sistema tributario heredado del franquismo estaba completamente obsoleto, era escasamente progresivo y desfasado por completo con respecto a la verdadera riqueza generada a la que pretendía gravar. De otra parte, la situación del desempleo era ya grave. La inflación era también un problema de extraordinaria importancia, pues estaba por encima del 20 por 100 y en el centro del año había llegado incluso al 40 por 100. De hecho, se consideraba entonces que una cifra aceptable para 1978 sería la del 22 por 100.

Se establecían criterios para elaborar los presupuestos del Estado y para una política general de saneamiento económico incluyendo las empresas públicas. Pero los pactos tenían mayor alcance que el económico y por ello pueden considerarse uno de los grandes episodios del consenso. Se contemplaban en ellos medidas sociales propiamente dichas e, incluso, políticas. Se abordaban asuntos como el de la reforma del sistema educativo (progresiva gratuidad de la enseñanza), la función de los sindicatos, la reforma de la Seguridad Social y la política de rentas y salarios. Se diseñaba un «Programa de actuación jurídica y política» acerca de la libertad de expresión, los medios de comunicación social y la reforma de los códigos legales —penal, justicia militar, orden público, etc.—. Y otros muchos asuntos cuyas complejidades técnicas se abordaban en la letra del acuerdo.

Que aquel acuerdo tenía una evidente proyección política y que constituye uno de los grandes pactos de la transición, lo prueba la recepción que tuvo entre la población y los dirigentes y grupos políticos. Una recepción generalmente positiva pero diferenciada. Así, los comunistas, con Santiago Carrillo a la cabeza, veían en aquel acuerdo una forma de participación muy positiva, pero era visto con mayor escepticismo por grupos como el PSOE por lo que tenían de límite a la oposición. El propio interés político partidista estuvo siempre presente y ello explica en buena manera que su aplicación distase de ser un éxito.

Como diría Fuentes Quintana, los pactos eran una ocasión de convergencia entre crisis general y oportunidad democrática y eran prueba de la legitimación del nuevo régimen cuando aún no existía una Constitución. En lo inmediato, contribuyeron a mejorar el equilibrio de la economía. Se consiguió bajar la inflación hasta el 16 por 100 y mejorar el déficit con el exterior. Mucho más dudosos fueron los aspectos no económicos, aunque se puso en marcha la reforma fiscal. No parece discutible que los pactos fueron, en todo caso, pese a su progresivo incumplimiento, una pieza más en el camino que ya estaba abriendo la redacción de una Constitución. Pero la dimisión de Fuentes Quintana, en febrero de 1978, aceleró aún más el proceso del incumplimiento.

5.2 Los grandes «poderes fácticos» ante la transición

En el lenguaje de la propia época de la transición, sobre todo en los medios de comunicación, empezó a generalizarse la expresión «poderes fácticos» para aludir a los grupos o personas a quienes se suponía un poder «de hecho», en la sombra también, por detrás de las instituciones públicas y dirigiendo a éstas. Por supuesto, el Ejército era el clave, seguido de la Iglesia, la banca y poderes financieros y, desde luego, la propia prensa, «el cuarto poder», aunque las empresas de comunicación intentaran hacer olvidar esta influencia.

Lo cierto es que muy poco se ha escrito aún sobre el importante papel de estas entidades en el proceso de transición. La historia del Ejército, de la Iglesia, de los medios de comunicación y de alguna otra instancia en la transición está todavía, en general, sin hacer. Que el Ejército sería clave en la sucesión del franquismo era un sentimiento absolutamente unánime. Pero nadie podría asegurar el peso de su influencia. La opinión pública tenía por indiscutible que el Ejército, a imagen y semejanza de Franco, heredero de los vencedores de la guerra civil y compuesto aún de muchos de los vencedores mismos, sería el gran obstáculo en la marcha hacia un régimen democrático. Y aunque en buena parte ello fue así, y menudearon las resistencias al cambio —a quitar los retratos de Franco de las paredes, por ejemplo— y las conspiraciones, amén de un par de intentos de golpe, los militares no pudieron impedir la marcha general de las cosas.

Ello puede tener varias explicaciones, todas convergentes. Por lo pronto, muerto Franco, el Ejército español carecía de líderes claros entre el generalato. Nadie entre los altos mandos podía arrogarse ser «la voz del Ejército». Ello le restaba unidad de acción, aunque hubiese amplia unidad de opinión. Pocos generales se mostraron claramente a favor de un nuevo ré-

gimen, pero entre ellos destaca claramente el caso del general Gutiérrez Mellado, pieza clave, vicepresidente del gobierno con Adolfo Suárez. La figura y personalidad del rey fue clave también, desde el momento en que el alto mando supo que la Corona estaba claramente por el cambio. Por último, debe señalarse que, a diferencia de lo ocurrido en los años treinta, la reforma de la milicia se llevó a cabo muy lentamente, muy tímidamente y procurando no herir susceptibilidades ni intereses.

También es complejo el caso de la Iglesia, pero debe decirse que en líneas generales una Iglesia *aggiornada* por el Concilio Vaticano II estuvo mucho más inteligentemente a favor del cambio político, aunque otra cosa fuesen sus profundas aspiraciones a no perder la hegemonía ideológica mantenida durante siglos. La jerarquía eclesiástica estuvo mayoritariamente con el cambio y en algún caso, como en el del cardenal Vicente Enrique y Tarancón, fue importantísimo su decidido y público apoyo a la reforma. El clero medio y bajo estaba dividido, pero predominaba el «conciliar», favorable a la apertura. Las órdenes religiosas se mantuvieron en general al margen o recelosas. Entre los nacionalismos regionales, vasco o catalán, el papel del clero fue de mucho peso en su favor.

La prensa es otro de los grandes elementos del periodo. Puede hablarse de la vieja prensa que había convivido con el régimen (*ABC, La Vanguardia, Informaciones,* entre otros), y de la prensa que era del Estado y del régimen, la «Prensa del Movimiento» (*Arriba* y *Pueblo,* en Madrid, además de otras muchas cabeceras en provincias). Nacieron también periódicos en la propia época, siendo el más señalado caso el del diario *El País,* aparecido en los primeros meses de 1976. La creación de opinión en la época fue tarea clave de la prensa, entonces más influyente que la televisión. Se ha dicho que los medios dieron la imagen que ellos mismos deseaban de la transición (Gregorio Morán), la imagen que hacía falta, en general, para que el proceso fuese posible —frente a las reticencias y mentiras de la prensa franquista—, pero que no coincidía necesariamente con la verdad del juego de poderes que se estaba desarrollando. Esta u otras opiniones necesitan aún de mucho estudio, pero no cabe duda de que el papel de la prensa en la opinión pública fue también decisivo.

5.3 El comportamiento de los grupos sociales

También se ha escrito bastante, aunque no todo lo necesario, sobre la significación de los grupos sociales, es decir, a título de ejemplo, la poderosa burguesía financiera, las clases profesionales —abogacía, ejecutivos medios, médicos—, el mundo de los propietarios rurales —de escasa influencia ya, desde luego—, la intelectualidad universitaria y los estudiantes, los obreros, etc. Nada puede decirse sobre todo ello que no parta de considerar la reestructuración de la sociedad española operada, como hemos visto, en los años sesenta y setenta.

Lo menos que puede decirse es que la transición ni se puso en marcha por cambio alguno en la «distribución social del poder», ni en la mente de los reformistas había plan alguno para ello. El poder en la España de mediados de los años setenta no cambió de manos con respecto a esa reestructuración que había ido produciéndose con el propio cambio social. Las capas sociales que tenían el poder en el franquismo, así como las nuevas elites financieras y empresariales, los grupos corporativos básicos —magistratura, el clero, entre ellos— y el grueso de la población, desde luego, eran conscientes de que el régimen era insostenible sin la figura de Franco. La única posible excepción sería la del Ejército y algunos centenares de sobrevivientes de la «vieja guardia» del régimen falangista. El mantenimiento del régimen cerraría a España cualquier posibilidad de cambio en su situación en el concierto europeo.

La mayor parte de estas capas sociales y grupos profesionales, por otra parte, veían con cierto recelo y aprehensión que el poder, justamente, pudiese cambiar de manos. Por ello, las propuestas de que la transición política representase al mismo tiempo un reajuste del poder socioeconómico tuvieron propulsores pero no una aceptación que las hiciese viables. No obstante, debe descartarse hoy también la idea de una transición dirigida en la sombra por los grandes poderes económicos en función de sus propios intereses de supervivencia en una España sin Franco y abocada a formar parte cada vez más integrada del capitalismo internacional. La influencia de la gran burguesía no parece haber sido directa, estando asegurado que no habría un cambio esencial del poder económico. Algo simétrico cabe decir de la gran masa social de asalariados, trabajadores y profesionales medios. Las encuestas de opinión hechas en la época muestran que las opciones fundamentales de la opinión se dirigían hacia el mantenimiento del bienestar, la lucha contra el paro y el terrorismo y, en menor medida, hacia el logro de libertades plenas. Era el cuadro tipo de una sociedad ya acomodada y que atravesaba un momento de crisis.

6

HACIA LA CONSOLIDACIÓN DE LA DEMOCRACIA (1979-1982)

El 29 de diciembre de 1978, cuando todo el proceso constituyente estaba concluido, Adolfo Suárez anunciaba la disolución de las Cámaras y se fijaban nuevas elecciones legislativas para el 1 de marzo de 1979. Las elecciones municipales se convocaban, a su vez, para el 3 de abril. La decisión de proceder a nueva convocatoria de elecciones fue tomada por el partido en el gobierno tras alguna duda, pero al aceptarla se daba por concluido realmente el periodo que podríamos llamar *constituyente* para pasar al periodo *constitucional* o de normalidad constitucional.

Lo que en ciencia política o en historiografía llamamos ahora la «consolidación de la democracia» comenzó, por tanto, con estas elecciones legislativas normalizadas de marzo de 1979 y con las primeras elecciones municipales en un régimen de democracia. A la llegada al poder del PSOE en 1982, el nuevo régimen democrático español demostraba estar consolidado. Pero el periodo previo, es decir, el de 1979-1982, no fue ni fácil ni pacífico y demostró la importancia que tiene esa etapa de consolidación. La crisis del partido gobernante, UCD, fue intensa, profunda y, de hecho, definitiva, y se vivió el intento de golpe de Estado de febrero de 1981.

Podría pensarse que poco había avanzado la consolidación democrática si podían producirse hechos tan graves como los de febrero de 1981. Sin embargo, es posible pensar también que la circunstancia de que el intento de golpe de Estado acabase en fracaso probaba que hubo algún mecanismo de defensa de las instituciones. El papel de la Corona fue en ello esencial. En función de esa inestabilidad, se dice a veces que una consolidación efectiva de la democracia en España no es cosa anterior a 1985 o 1986, es decir, hasta bien avanzado el gobierno del PSOE y, en realidad, cuando España ingresa ya en la CEE. Pero no puede negarse tampoco que, al menos formalmente, el PSOE accedía en 1982 a un sistema de poder establecido ya de forma precisa en sus instituciones.

6.1 El primer periodo constitucional desde 1979

Las legislativas del 1 de marzo de 1979 tuvieron un resultado que en cierto modo confirmaba las tendencias fundamentales vistas ya en 1977, mientras que en otro sentido hacían aflorar orientaciones nuevas que serían persistentes. Entre éstas, el ascenso de los partidos nacionalistas y regionalistas. El número de diputados al Congreso seguía siendo de 350, pero los miembros del Senado pasaban a ser 208 y la Corona perdía la facultad de designar una parte de ellos.

Las elecciones mostraron unas tendencias que pueden resumirse así. La participación electoral fue del 68 por 100 y la abstención del 32 por 100, en porcentaje más elevado que en 1977, en que había sido del 21,5 por 100. Los resultados arrojaron 168 escaños de UCD frente a 121 del PSOE y mostraban, de hecho, un avance de este último, con el que se había fusionado el Partido Socialista Popular (PSP) de Tierno Galván en 1978. El PCE quedaba definitivamente distanciado aunque aumentaba sus escaños a 23. La derecha dura de Fraga (CD) obtuvo un nuevo y sonoro fracaso al quedar con sólo 9 escaños, mientras se mantenían en general los nacionalistas y regionalistas de CiU y el PNV y avanzaban los andalucistas del PSA. Las fuerzas más radicales obtenían algunos escaños y, por vez primera (y última), la extrema derecha conseguía un escaño para el partido Unión Nacional en la persona de su jefe Blas Piñar.

Los comicios municipales, celebrados el día 3 de abril, tendrían una importancia muy semejante, si no mayor, a la de las legislativas. Sin embargo, sus resultados manifestaron una tendencia distinta: el triunfo selectivo de la izquierda. En el conjunto de España, UCD obtenía 29.614 concejales frente a 12.220 del PSOE. Sin embargo, los grandes núcleos urbanos españoles pasarían a ser regidos por alcaldes de la izquierda, del PSOE o de la coalición PSOE-PCE, como es el caso de Madrid, con el triunfo emblemático de Enrique Tierno Galván. En las capitales de provincia, UCD y PSOE quedarían prácticamente empatados en concejales, mientras que en los núcleos de más de 50.000 habitantes ganaba en general el PSOE. La gran ventaja de UCD residía en los núcleos rurales.

Adolfo Suárez constituyó un nuevo gobierno en abril. En este gabinete Suárez prescindía de algunos barones importantes del partido: Fernández Ordóñez, Martín Villa, Cabanillas y Sánchez de León. Suárez parecía querer rodearse de hombres más técnicos y más cercanos a sus posiciones. Pero también la historia parlamentaria de este periodo aportó un dato nuevo: la evidencia de la aversión al debate parlamentario que sentía un nuevo Suárez incómodo en tal debate y mostrando carencias que antes, en el periodo álgido de la transición, habían quedado menos evidentes. En su discurso programático Suárez diría explícitamente: «El consenso ha terminado».

Empezarían a tomar mayor protagonismo los problemas económicos y sociales del país, que no eran una dedicación preferente de Suárez, sino que serían abordados por Fernando Abril Martorell, el vicepresidente económico, y un equipo de ministros del ramo económico y de asuntos sociales de perfil más bien socialdemócrata. El gobierno anunció el desarrollo de cincuenta y cuatro nuevas leyes en junio de 1979, lo que representaba un intento de abordar la inmensa obra del desarrollo legislativo de la Constitución. En 1980 se aprobarían el Estatuto de los Trabajadores y el Acuerdo Nacional de Empleo.

A medida que la vida política se normalizaba, el espectro de los partidos políticos españoles se iba pareciendo más al de aquellos países con democracia más consolidada y antigua. Había también tendencia a un mapa político de España en el que los partidos nacionalistas tenían cada vez más espacio. La materialización de UCD como partido unificado tuvo su punto clave en la celebración de su primer congreso, abierto el 19 de octubre de 1978, donde el asunto central era esa constitución como partido y la designación de sus órganos de dirección. Suárez podía empezar la nueva andadura apoyado en un instrumento como un partido unificado. En Alianza Popular la reconversión no fue menos acusada. Entre 1979 y la siguiente confrontación electoral en 1982, el partido había sido prácticamente refundado. Una *nueva derecha* parecía estar en marcha, en efecto, capitaneada sempiternamente por Fraga.

Otra de las grandes y espectaculares reconversiones fue la del PSOE, que atravesó una notable crisis en 1979, habiendo de recurrir a un congreso extraordinario. La batalla se libraría por la pretensión de algunos nuevos socialistas, entre los que destacaba el «grupo sevillano» capitaneado por el propio secretario general, Felipe González, de diluir la ortodoxia marxista y las rigideces del lenguaje «revolucionario» a fin de establecer una doctrina y un lenguaje más apto para atraer votantes fuera de las clientelas obreristas clásicas, situándose, sin duda, mucho más a la derecha. Esa batalla fue claramente ganada por Felipe González y sus seguidores.

La crisis del PCE tenía también sus propias connotaciones, pero se orientaba igualmente hacia cuestiones doctrinales y de liderazgo. El problema de fondo del partido era, como dijimos, su renovación, en los hombres, en las propuestas y en la estructura misma. El giro hacia el *eurocomunismo,* que tuvo su momento fundamental en el IX Congreso, y hacia la adopción de un lenguaje político más flexible abandonando el leninismo, llevó, sin duda, al relativo éxito de las elecciones de 1979. La aparición de los «renovadores» en 1980 fue un hito fundamental con una orientación que pretendía abrir el partido hacia nuevas propuestas. El espectáculo de las disidencias pasaría su factura en las elecciones de 1982.

6.2 Declive y crisis de la UCD

El presidente Suárez tenía cada día más dificultades de gobierno. Un momento culminante de la vida política fue la presentación y el debate en el Parlamento de una moción de censura contra el gobierno que Suárez acababa de remodelar, presentada por el partido socialista con propuesta de un candidato alternativo, Felipe González. La presentación de la moción de censura fue anunciada el 21 de mayo por Felipe González. El 28 de mayo fue el gran debate.

La cuestión del Estado de las Autonomías fue la que centró los discursos, y Suárez impidió que la UCD se deslizara peligrosamente hacia la escisión, pero no consiguió más votos de apoyo que los del propio partido. La moción se superó por 166 votos frente a 152, una ventaja mínima. Aquel debate dejó al presidente Suárez políticamente muy debilitado y afectado. La pérdida de iniciativa política se acusaría aún más desde comienzos del verano de 1980 y la moción de censura puede considerarse, pues, como el punto de no retorno en la trayectoria de esta decadencia.

El verano de 1980 fue de práctica crisis permanente en el seno de la UCD. En consecuencia, en septiembre se produciría una nueva remodelación del gabinete con la vuelta de los principales «barones» centristas y la elevación del número de ministros a veintiuno, más el presidente. Esta debilidad permanente es la que nos permite entender que en aquel otoño de 1980 comenzara la circulación de propuestas para acabar con la parálisis política mediante soluciones de emergencia, propuestas en las que tiene un papel relevante la propia UCD, además de la oposición. Es a fines de 1980 cuando empieza a hablarse de *gobierno de gestión*. En este contexto de parálisis, rumores, presiones y profunda pugna por la ideología, se produciría la dimisión de Adolfo Suárez de la presidencia del gobierno y del partido. Un hecho fundamental, sin duda, en la trayectoria de la consolidación democrática.

Pero en este asunto crucial es cierto que aún hoy, después de veinte años, siguen siendo bastante mal conocidos los extremos concretos que llevaron a Suárez a tomar la iniciativa de dimitir. Públicamente, Suárez se refirió sólo al desgaste sufrido tras cinco años de gobierno. No puede descartarse la influencia en esta decisión del conocimiento que el presidente tenía de las acciones emprendidas por militares y políticos, algunos de ellos del PSOE, buscando un gobierno de concentración sin Suárez, a la vista de la debilidad persistente del partido y del gobierno. Esta situación ha sido relacionada con el intento posterior de golpe militar. No existe fundamento alguno, por el contrario, para mantener que en el hecho interviniese ninguna insinuación regia.

El día 26 de enero de 1981 Suárez expuso por vez primera ante el partido su propósito de dimitir. El 27 se lo haría saber al rey y el 29 anunció en televisión su dimisión. La decisión causó sorpresa en el país. El 28 de enero, Suárez había convocado de nuevo a los más importantes líderes del partido para proceder a la búsqueda de un sucesor que él se negaba a designar directamente. El comité permanente reunido consiguió consensuar la persona de Leopoldo Calvo Sotelo, entonces vicepresidente,

como candidato a la presidencia.

Poco después se celebraba el II Congreso de la UCD, previsto para fechas anteriores pero que a causa de la crisis política hubo de ser pospuesto para los días 6 a 8 de febrero de 1981, cuando había un gobierno en funciones presidido por Calvo Sotelo. Allí se produjo un combate que iba a enfrentar a dos grupos dentro del partido. El resultado más importante del Congreso, que apenas si cerró en falso la disputa, fue el triunfo de los suaristas para los puestos más importantes.

6.3 El intento de golpe de Estado del 23 de febrero de 1981

Es muy difícil hoy, también a casi veinte años de distancia de los hechos —o quizá justamente por el poco tiempo transcurrido—, dar una versión histórica fiable de lo que fue el intento de golpe de Estado de la tarde del 23 de febrero de 1981. Hay que reconocer que la información que se tiene dista de ser, por lo demás, suficiente y contrastada. Intentemos arrojar algún orden expositivo y algunas ideas sobre el asunto.

Para comenzar, la actitud del Ejército frente al proceso político abierto con la muerte de Franco preocupó a los políticos y a la sociedad en todo el tiempo de la transición, según hemos señalado ya. Desde 1976 había habido algunos incidentes políticos con intervención de militares que eran significativos por su discordancia con el espíritu de la democracia. Algunos discursos de altos mandos militares daban a entender la desconfianza que sentía una parte amplia del Ejército hacia el nuevo régimen constitucional y la preocupación por lo que ellos creían peligros que se cernían sobre España, los más tópicamente esgrimidos: comunismo, separatismo, relajación moral, delincuencia, etc., es decir, el repertorio típico del Ejército español en el siglo XX y especialmente desde la Dictadura de Primo de Rivera.

El intento de golpe de Estado del 23 de febrero de 1981 está, sin duda, imbricado con esta situación militar, pero, desde luego, fue un asunto mucho más complejo, cuyos orígenes y desarrollo

como conspiración militar y civil permanecen bastante oscuros. No sólo intervinieron en él militares, pero lo que podríamos llamar la «trama civil del golpe» es mucho menos conocida que la militar. El juicio militar al que treinta y tres implicados fueron sometidos un año después no aclaró en forma alguna la trama real de la preparación del golpe y sirvió sólo para condenar a los participantes probados en los sucesos del día 23 que habían tenido responsabilidad decisoria, no así a la tropa actuante ni a algunos mandos intermedios.

Los episodios que directamente llevaron al 23-F (forma periodística de denominar el suceso) arrancan de la dimisión del presidente Suárez a fines de enero de 1981. Sin embargo, la trama conspirativa venía de mucho antes, por lo menos desde que empezó a hablarse de la necesidad y posibilidad de formación de un gobierno de concentración presidido por un militar. Un colectivo con el seudónimo de *Almendros* empieza a publicar en 1980 en el diario ultraderechista *El Alcázar* una serie de artículos, de espíritu claramente involucionista, y hasta golpista, en los que se pedía ese gobierno militar y una rectificación del régimen democrático. Aunque había firme sospecha de que sus autores eran militares, nunca se aclaró la identidad de los articulistas.

En definitiva, el intento de golpe de Estado se materializó con la entrada en el Congreso de los Diputados en Madrid, minutos después de las seis de la tarde del lunes 23 de febrero, de una tropa de casi dos centenares de guardias civiles armados, al mando del teniente coronel Antonio Tejero, un exaltado ultraderechista designado por los conspiradores como ejecutor del golpe. Ocurrió esto en el momento en que se estaba llevando a cabo la votación en la segunda sesión de investidura del candidato a presidente del gobierno, Leopoldo Calvo Sotelo, de UCD.

La votación fue interrumpida por la fuerza, se realizaron disparos de intimidación y se humilló a los diputados y al gobierno en pleno, a los que se hizo arrojarse al suelo, acción a la que sólo se resistieron Gutiérrez Mellado, Carrillo y Suárez. Lo más espectacular del suceso fue que como la sesión estaba siendo retransmitida por radio, y grabada en televisión para emitirla en diferido, y los golpistas olvidaron desactivar estos medios, el golpe fue conocido *en directo* por radio por buena parte del país. Las imágenes televisivas, proyectadas después, constituyen un documento histórico sin precedentes que dio la vuelta al mundo.

La única acción más de sublevación que se materializó fue la del capitán general de Valencia, general Jaime Milans del Bosch, uno de los conspiradores, que ordenó la salida a las calles de Valencia de vehículos militares acorazados y publicó un bando de militarización, tomando todos los poderes. Ninguna unidad militar más se sumó al intento, y fue fundamental que no llegase a hacerlo, después de amplias deliberaciones y dudas, la unidad más poderosa del Ejército en aquel momento, la División Acorazada Brunete, de guarnición en Madrid.

La persona a la que los militares y guardias civiles que asaltaron el Congreso decían esperar, un militar para comunicar la formación precisamente de un gobierno militar, se la conocía en clave como «El Elefante Blanco». Pero, como tal al menos, no se presentó. ¿Quién era esa persona? Ésa es otra de las incógnitas sin aclarar. Las cabezas visibles de más rango de la conspiración militar eran Alfonso Armada Comín, segundo jefe de Estado Mayor a la sazón y antiguo preceptor y secretario militar del rey, y el citado Milans del Bosch. Pero había bastantes generales más comprometidos, y otros que lo estaban cuando menos por omisión. Quien realmente acudió al Congreso fue el general Armada, para entrevistarse con Tejero y dirigirse a los diputados. Su propuesta era la formación de un gobierno de concentración, de militares y civiles, presidido por él mismo. Tejero rechazó de plano la propuesta y no le dejó hablar con los diputados porque, a su juicio, ello suponía llegar a una situación que no cambiaba nada.

Al estar el gobierno secuestrado en el Congreso, la iniciativa inmediata recayó sobre la Corona. Se vivieron horas de inmensa tensión e incertidumbre, de indecisión, de negociaciones de todo tipo, mientras los medios de comunicación, radio, televisión, etc., parecían poder actuar en libertad, en manos de sus directivos y técnicos habituales. Se estaba, pues, curiosamente, ante el primer hecho de violencia política de gran gravedad que era «retransmitido» en directo.

En definitiva, la posición y acción de la Corona, en cuyo nombre y servicio decían actuar los golpistas, resultaron decisivas. El rey no se dirigió a la nación, sin embargo, con prontitud, sino a las 1.14 horas de la madrugada por televisión. El rey, en un breve parlamento, desautorizó completamente el intento anticonstitucional diciendo que la Corona no podía en absoluto tolerarlo por oponerse a los deseos manifestados por los españoles. Los conspiradores habían difundido la afirmación de que el rey estaba de acuerdo con un «golpe de timón». Armada, hombre cercano al rey, era el valedor principal de esa afirmación, que los hechos desmintieron rotundamente. Milans del Bosch acabó revocando sus decisiones tras alguna resistencia. Tejero obtuvo la impunidad para los hombres que le habían seguido, de los cuales, de hecho, no todos conocían de antemano el destino de la operación.

El rey convocó de inmediato a las altas instituciones militares y después a todos los líderes políticos para advertir de la trascendencia negativa de aquellos hechos y recordar que «el rey no puede ni debe enfrentar reiteradamente, con su responsabilidad directa, circunstancias de tan considerable tensión y gravedad». Es indudable que la inmensa mayoría del país rechazó abiertamente el intento, aunque durante su desarrollo no se concitó oposición popular alguna inmediata, o no dio tiempo a ello, sintiéndose más bien una sensación de estupor, incredulidad y dependencia de los medios de comunicación.

Las sentencias del Tribunal Militar que juzgó aquellos hechos fueron tan benignas que sólo hombres como Milans del Bosch y Tejero recibieron condenas de treinta años de reclusión. Las demás fueron tan leves que a Armada sólo se le impusieron seis años. Un recurso del gobierno al Tribunal Supremo hizo que esas penas fueran aumentadas, sobre todo en

el caso de Armada, condenado ahora a treinta años también. La investigación judicial demostró ser incapaz de aclarar para la Historia la verdadera entidad de aquel intento.

Con toda evidencia, el golpe se gestó sobre un trasfondo de intranquilidad militar que ya era antiguo, pero no se explica sin la existencia de unas condiciones políticas para ello. La cuestión clave es el cúmulo de dificultades que llevaron a Suárez a dimitir, dando la impresión de un cierto vacío de poder. Pero el propio presidente ni explicó entonces ni ha explicado después con detenimiento las razones profundas y concretas de su dimisión. El fracaso del golpe se debió en su origen a la desastrosa organización misma y a la falta de claridad de lo que los conspiradores pretendían. Obviamente, la actitud de la Corona fue determinante. Pero no se explica bien por qué se hizo pública la decisión real tan tardíamente.

6.4 Del golpe a las nuevas elecciones

Con el fracaso del golpe de Estado del 23-F, el poder civil quedaba fortalecido y el prestigio y primacía de la Corona aún más. Pero de ahí no se dedujeron sólo consecuencias positivas. Las hubo también negativas. El peligro de involucionismo no quedó definitivamente despejado y, a consecuencia de la conciencia misma del peligro, el golpe tuvo el efecto de producir una derechización general de la política, deteniendo algo el ritmo de las reformas. Pero la derechización no fue sólo de la UCD. El PSOE, que ya había modificado sus propuestas políticas, las moderó hasta parecer renunciar a todo ánimo de reformas profundas.

Desde febrero de 1981 a octubre de 1982 se extendió la etapa de gobierno de la UCD que presidiría Leopoldo Calvo Sotelo. Una primera fase transcurre hasta los cambios ministeriales introducidos en diciembre de este mismo año, aunque en el verano hay ya una pequeña crisis. Calvo Sotelo no quería renunciar a la política de reformismo que el país necesitaba para adaptar toda su estructura legal y la acción del gobierno al nuevo régimen democrático. De ello se dedujo que en el interior del partido de la UCD se produjesen enfrentamientos por cuestiones como la Ley de Divorcio, aprobada tras un gran debate el 7 de abril de 1981, con el coste de una fractura en el grupo entre socialdemócratas y democristianos. Otra cuestión fue la aprobación de la LOAPA, la ley autonómica de armonización, privada de algunos de sus artículos.

El año 1981 fue el de otra conmoción social importante, la producida por el asunto de la «colza», según se conoció popularmente, manifestado por la extensión de una epidemia incontrolable en la zona centro del país, conocida primero como «síndrome tóxico», en mayo de este año, que el gobierno no acertó a detener ni los medios técnicos a diagnosticar su origen y que produjo miles de afectados con varias muertes. Y un nuevo incidente daría muestras aún de la vigencia del «problema militar». El 5 de diciembre de 1981 un «Manifiesto de los 100», que firman oficiales y suboficiales, pide la «autonomía del Ejército», interpretando torcidamente la Constitución. Ello probaba que aún continuaba ese «desafío a la democracia» que hacía intuir a la opinión pública un «peligro militar» y que evidenciaba aún más la debilidad del gobierno. Tendría que avanzar la década de los ochenta y cambiar el gobierno para que el cambio de rumbo de los militares fuese un hecho.

UCD seguiría experimentando descalabros electorales en las elecciones autonómicas que ya se iban generalizando. Uno de ellos fue el de las elecciones autonómicas gallegas. Coalición Democrática, de Fraga, resultaría vencedora en una espectacular remontada que le lleva a obtener 26 escaños, mientras UCD, cuyos votos descienden en picado, se queda en 24 con sólo el 27,4 por 100 de los sufragios. Otro más sería el de las andaluzas de febrero de 1982. A pesar del esfuerzo de los líderes en la campaña, el PSOE se convierte en el partido hegemónico con 68 escaños, mayoría absoluta. CD obtiene 17, UCD 15, PCA 8 y PSA 3. UCD había perdido el 60 por 100 de los votos anteriores y consigue ahora un 12,9 por 100.

En el interior de la UCD, Calvo Sotelo, por lo demás, no conseguiría tampoco un entendimiento razonable con Adolfo Suárez y sus seguidores. El éxodo de miembros del partido se convierte ya en una constante en todo el año 1982. La culminación de este hundimiento progresivo se alcanzaría cuando Adolfo Suárez mismo abandonase la UCD para crear su propio partido, el Centro Democrático y Social (CDS), en el mes de julio de 1982. La última remodelación del gobierno de Calvo Sotelo se llevaría a cabo el 28 de julio. Un mes después, el presidente Calvo Sotelo decidía disolver las Cortes.

Las elecciones generales celebradas el 28 de octubre de 1982 dieron origen a un gran cambio de ciclo en la política española, el más profundo vuelco hasta el momento. Ello era así al producirse la aplastante victoria del PSOE, el hundimiento de dos partidos, UCD y PCE, y el ascenso como primera fuerza de la oposición de una derecha inequívoca, la representada por Coalición Popular.

Esto justifica que podamos fijar en esa fecha, con el comienzo de una situación que todo el país entendió como nítidamente distinta de la anterior, el fin del proceso de la transición y el comienzo de la España democrática moderna y deseosa de integrarse plenamente en las instituciones europeas. En las elecciones de 1982, la realidad espectacular fue el volumen de votos otorgados al PSOE. La cifra de 10.127.392 votantes era algo excepcional, un 48,4 por 100 del censo, y sólo se ha repetido una situación parecida en las elecciones de marzo de 2000, en favor esta vez del Partido Popular.

Además de esa histórica victoria de la izquierda española, los demás datos fueron: Coalición Popular (AP-PDL-UL) obtendría 5.478.533 votos, un 26,1 por 100, con un aumento extraordinario también. Ello se traducía en 202 escaños para el PSOE frente a 106 para CP. El descalabro del partido comunista, y del PSUC catalán, a causa de la política de Santiago Carrillo y las grandes disidencias internas, se manifestaría en la reducción a 4 diputados desde los 23 anteriores. El de la UCD, con su reducción a 12 dipu-

tados, el 7,1 por 100 de los votantes y 1.194.000 votos. Los nacionalistas de CiU y PNV cambiaban algo sus posiciones, 12 y 8 diputados. El PSA andaluz perdía todos, mientras Herri Batasuna conservaba dos, Euzkadiko Ezquerra mantenía uno y Esquerra Republicana de Catalunya otro. Desaparecía la extrema derecha del Parlamento y Suárez obtenía el muy magro resultado para el CDS de dos escaños, lo que salvaba su propia presencia en el Parlamento.

La conmoción, pues, afectaba sobre todo a los grandes partidos nacionales, y el nuevo mapa que se dibujaba tendía ahora con más fuerza hacia el «bipartidismo imperfecto». Para nadie cupo la menor duda de que se iniciaba una nueva época de la política española en la etapa constitucional posterior al franquismo. Al ganar tan ampliamente unas elecciones democráticas la izquierda española, hubo quien pensó que ahora verdaderamente estaba superado el pleito que había dividido a los españoles desde los años treinta.

7

EL «MODELO ESPAÑOL» DE TRANSICIÓN. UN BALANCE FINAL

¿Podríamos sentirnos los españoles orgullosos, aunque fuese por una vez, de un trozo de nuestra historia aún tan breve como el de 1975 a 1982? ¿Es la transición democrática el gran suceso español del siglo xx? Esas dos preguntas tienen, a nuestro modo de ver, una respuesta matizadamente positiva. Y decimos matizadamente porque, como en casi todos los acontecimientos históricos memorables, no deja en éste de haber también zonas oscuras, ocasiones perdidas, justicias no impartidas y posibilidades desaprovechadas, según expresábamos en la *Introducción* de este libro. Pero sería absolutamente injusto pretender que el balance es negativo en su conjunto.

Lo que suele siempre atraer especialmente la atención de los observadores, analistas e historiadores de la transición española es cómo pudo consumarse esta salida pacífica de una dictadura impuesta tras una guerra civil y que tenía todo dispuesto para perpetuarse sin más que sustituir la figura del *Caudillo* Franco por la de un rey. Éste es el dato que más y mejor explicación necesita. Ahora bien, si es cierto que los planes de sucesión dictatorial no se cumplieron, no lo es menos que el orden social, el juego de las preeminencias y de la hegemonía de ciertos grupos, no se alteró tampoco lo más mínimo. Seguramente es ésta la dimensión de la transición más negativa, junto al hecho de que jamás se pidiesen cuentas a nadie por una guerra civil ilegítimamente provocada y por cuarenta años de represión.

Las causas de la consumación de una transición pacífica son primeramente de fondo. Estriban sobre todo en el cambio introducido en la sociedad española desde una década antes, en el hecho de que globalmente esa sociedad no quisiese arriesgar el grado de bienestar y modernidad económico-social alcanzados. Lo interesante del modelo español de democratización, dentro de lo que el politólogo norteamericano S. Huntington ha llamado la «tercera ola» de democratizaciones contemporáneas, es su carácter consensuado. Producido no como resultado de un conflicto previo, ni acompañado de violencia. En esto se distingue de los casos griego y portugués, o del argentino de 1983, después de una guerra internacional.

Por otra parte, el propio origen de la dictadura de Franco, producto de una sangrienta guerra civil, puede explicar la forma en que fue calibrado socialmente el riesgo de un nuevo enfrentamiento violento entre los españoles. Una sociedad más madura, convencida muy mayoritariamente de que la única salida para el país era la que más cerca le llevara de las instituciones de los países de nuestro entorno, obró generalmente en consecuencia con estos presupuestos. Pero también el consenso tiene su precio: el de un serio continuismo.

Como muchas veces se ha repetido, el coste de esa transición por consenso incluye un «pacto sobre el pasado», donde la negociación ha favorecido mucho más a las elites reformistas salidas del propio sistema franquista, al que había que cambiar, que a la oposición tanto histórica como reciente. Fue una negociación entre el reformismo nacido del franquismo y la oposición, de la que por principio se excluyeron algunas cosas «no negociables». Entre ellas, la Monarquía, las preeminencias sociales y económicas que había impuesto el régimen, la propia implantación de un sistema liberal y una economía capitalista sin mayores correcciones. El orden social no había de discutirse. Prácticamente, lo único que los reformadores del franquismo concedieron fue la «presencia general» en el proceso de todas las fuerzas concurrentes. Eso significaba especialmente la legalización del PCE desde el principio y no en una segunda etapa.

Estos pactos, implícitos o explícitos, versaron, pues, sobre tres cuestiones fundamentales: el establecimiento de una Monarquía, la elaboración de una Constitución liberal donde cupiesen todas las fuerzas políticas y el arreglo de la difícil situación económica y social a través también de un gran acuerdo.

El modelo de transición española respondió verdaderamente a una trayectoria que se encuentra tan lejos de representar el «predominio de la lucha de masas» o la «ofensiva popular», como ha interpretado a veces la izquierda, especialmente la izquierda radical, como, igualmente, de ser el producto no más que de una «transacción» o «mercadeo» entre poderes. O sea, de ser un conjunto de pactos casi secretos entre dirigentes, opciones de poder político y grupos de interés económico, ante la pasividad fundamental de la masa de la población, como han pretendido por su parte las posiciones ideológicas ligadas a la derecha sociológica y política. Ni la transición fue, ciertamente, el resultado de acciones y presiones «populares» ni tampoco estrictamente un pacto o negociación oscura entre dirigentes políticos y grupos de poder. De ahí su singularidad. Pero lo que resulta absoluta-

mente indiscutible es que toda transición, por definición, significa un pacto y que por ello es precisamente una transición y no otra cosa.

Existe, en fin, otra dimensión importante en este cambio histórico como es la de su carácter de gran cambio generacional, que se mostró ya en la naturaleza de cohorte de edad, entre los treinta y cinco y los cincuenta años, que tenía en líneas generales el conjunto de dirigentes, de todos los grupos, que llevó a cabo la dirección del proceso. La elección de Adolfo Suárez se dirigió hacia ese nuevo grupo generacional al que se encargaría el protagonismo. Por ello se ha hablado a veces del cambio como una empresa de «la generación del rey».

En efecto, con algunas excepciones —los dirigentes del PCE y de la derecha franquista, por ejemplo—, los políticos del momento pertenecían a una misma unidad generacional, con independencia de sus adscripciones políticas e ideológicas. Mayoritariamente, aunque no de forma absoluta, los líderes políticos de la transición fueron gentes pertenecientes

87

a la generación que se había incorporado a la política en los años sesenta, cuando el gran cambio de la sociedad española, bien en puestos del régimen, bien en una oposición cada vez más activa. Ellos habían vivido la guerra civil en la infancia o ni siquiera la habían conocido, aunque había, como decimos, algunos sobrevivientes de la guerra civil.

Que no podía volverse al pasado era un convencimiento prácticamente unánime entre dirigentes y pueblo en la etapa de la transición. Las discrepancias acerca de si *reforma* o *ruptura* se basaban más en las diferencias sobre la manera de atribuir la soberanía al pueblo, y cuándo y cómo hacerlo, que en discrepancia alguna acerca de si tal soberanía tenía que ser o no del pueblo.

En todo caso, hoy va imponiéndose la idea de que la historia «oficial» de la transición que se difunde, aun con lo mucho que falta por aclarar en ella, está demasiado edulcorada. Como decíamos al principio de este pequeño libro, es preciso hacer, a los veinticinco años del comienzo de aquel periodo, una historia más crítica, que discierna bien entre aciertos y errores y que distinga mejor entre los que ganaron más y los que perdieron algo o mucho. Con ello se hace mayor justicia a la sociedad y a la Historia mismas y es, por lo demás, el mejor camino para aprovechar las lecciones que ésta a veces quiere darnos.

BIBLIOGRAFÍA BÁSICA

[Selección de obras ordenada desde las de mayor generalidad a las más monográficas]

CARR, R. y FUSI, J. P.: *España de la dictadura a la democracia*. Barcelona, Planeta, 1979.

COLOMER, J.: *La transición a la democracia: el modelo español*. Barcelona, Anagrama, 1998.

COTARELO, R. (comp.): *Transición política y consolidación democrática. España (1975-1986)*. Madrid, Centro de Investigaciones Sociológicas, 1992.

DIARIO 16: *Historia de la transición* (publicada en fascículos encuadernables). Madrid, 1983 y ss.

HOPKIN, J.: *El partido de la transición*. Madrid, Acento Editorial, 2000.

MARAVALL, J. M.ª: *La política de la transición en España, 1975-1980*. Madrid, Taurus, 1981.

PRESTON, P.: *El triunfo de la democracia en España*. Barcelona, Plaza y Janés, 1986.

REDERO, M. (Ed.): *La transición a la democracia en España*. AYER, n.º 15. Madrid, Marcial Pons, 1994.

SOTO, A.: *La transición a la democracia. España, 1875-1982*. Madrid, Alianza Editorial, 1998.

TEZANOS, J. F., COTARELO, R., DE BLAS, A. (Eds.): *La transición democrática española*. Madrid, Sistema, 1989.

TUÑÓN DE LARA, M. (Dir.): *Transición y democracia, (1973-1985). Historia de España,* vol. X**. Barcelona, Labor, 1992.

TUSELL, J. y SOTO, A. (Eds.): *Historia de la transición, 1975-1986*. Madrid, Alianza Editorial, 1996.

MORÁN, G.: *El precio de la transición*. Barcelona, Planeta, 1991.

MORODO, R.: *La transición política*. Madrid, Tecnos, 1984.

PÉREZ DÍAZ, V.: *España puesta a prueba, 1976-1996*. Madrid, Alianza Editorial, 1996.

TUSELL, J.: *Juan Carlos I. La restauración de la Monarquía*. Madrid, Temas de Hoy, 1995.

VIDAL BENEYTO, J.: *Del franquismo a una democracia de clase*. Madrid, Akal Editor, 1977.

VIDAL BENEYTO, J.: *Diario de una ocasión perdida*. Barcelona, Kairós, 1981.

CARRILLO, S.: *Memoria de la transición*. Barcelona, Grijalbo, 1983.

FERNÁNDEZ-MIRANDA, P., y FERNÁNDEZ MIRANDA, A.: *Lo que el rey me ha pedido*. Barcelona, Plaza y Janés, 1995.

FRAGA, M.: *En busca del tiempo servido*. Barcelona, Planeta, 1987.

HERRERO DE MIÑÓN, M.: *Memorias de estío*. Madrid, Temas de Hoy, 1993.

LÓPEZ RODÓ, L.: *La larga marcha hacia la Monarquía*. Barcelona, Noguer, 1977.

MARTÍN VILLA, R.: *Al servicio del Estado*. Barcelona, Planeta, 1984.

OSORIO, A.: *Trayectoria política de un ministro de la Monarquía*. Barcelona, Planeta, 1990.

OSORIO, A.: *De orilla a orilla*. Barcelona, Plaza y Janés, 2000 (segunda versión de sus memorias).

FUNDACIÓN FOESSA: *Informe sociológico sobre el cambio político en España, 1975-1981*, vol. 1. Madrid, Euramérica, 1981.

FUNDACIÓN FOESSA: *Síntesis actualizada del III Informe Foessa*. Madrid, Euramérica, S.A., 1978.

GARCÍA DELGADO, J. L. (Dir.): *Economía española de la transición y la democracia*. Madrid, Centro de Investigaciones Sociológicas, 1990.

HUNEEUS, C.: *La Unión de Centro Democrático y la transición a la democracia en España*. Madrid, Centro de Investigaciones Sociológicas, 1985.

LÓPEZ PINTOR, R.: *La opinión pública española del franquismo a la democracia*. Madrid, Centro de Investigaciones Sociológicas, 1982.

MARÍN, J. M.ª: *Los sindicatos y la reconversión industrial durante la transición*. Madrid. Consejo Económico y Social, 1997.

PECES-BARBA, G.: *La elaboración de la Constitución*. Madrid, Centro de Estudios Constitucionales, 1989.

COLECCIÓN FLASH